MÁS ALLÁ DEL TEMOR

MILLENIUM

Más allá del temor

Las enseñanzas de
Don Miguel Ruiz
recogidas por Mary Carroll Nelson

Javier Vergara Editor
GRUPO ZETA

Barcelona / Bogotá / Buenos Aires
Caracas / Madrid / México D. F.
Montevideo / Quito / Santiago de Chile

Título original: *Beyond Fear. A Toltec Guide to Freedom and Joy.*
The Teachings of Don Miguel Ruiz as recorded by Mary Caroll Nelson

Traducción: Laura Paredes

1.ª edición: septiembre 2002

© 1997 by Mary Carroll Nelson and Miguel Angel Ruiz
© Ediciones B, S.A., 2002
    para el sello Javier Vergara Editor
    Bailén, 84 - 08009 Barcelona (España)
    www.edicionesb.com

Printed in Spain
ISBN: 84-666-1004-9
Depósito legal: M. 24.028-2002

Impreso por BROSMAC, S.L.
Crta. Villaviciosa a Móstoles Km. 1
28670 VILLAVICIOSA DE ODON (Madrid)

Oración

Por favor, únete a mí cuando comience el rezo. En primer lugar, lee la oración y, después, durante unos instantes, cierra los ojos y haz por ti mismo este pequeño ejercicio. Cada vez que la soledad o el desamor te embarguen, repite el ritual de esta plegaria y volverás a sentirte en plenitud.

Presta atención a tus pulmones. Experimenta el placer de respirar. La respiración satisface la mayor de las necesidades humanas. Cuando colmamos una carencia, sentimos placer.

Percibe ese estrecho vínculo entre tus pulmones y el aire. El solo hecho de respirar basta para hacerte feliz. Siempre podrás experimentar el placer de esa sólida comunión entre tus pulmones y el aire. Esa comunión es amor. Cuando el arcángel creó a los seres humanos, les regaló amor en el aire. Con el aliento este amor sacia por completo tu ser si tomas conciencia de todas las células de tu cuerpo, de todas las emociones de su mente y de todas las partículas de luz de las que estás hecho.

Oh, Padre/Madre Dios, hoy te rogamos vengas a nosotros y nos acompañes por siempre. Nos ofrecemos a ti para que puedas servirte de nuestros ojos, nuestra voz y nuestras manos y así nos hagas partícipes de tu amor, porque somos una unidad.

En cualquier dirección, desde un electrón hasta las estrellas, de la materia al espíritu, de toda emoción a la energía de la luz, asístenos, Dios, para que seamos como tú y amemos sin condiciones. Ayúdanos a amarnos tal como somos, sin prejuicios, porque cuando nos juzgamos, nos hallamos culpables y creemos merecer castigo, y sufrimos por ello. Enséñanos a ser como tú, a aceptarlo todo como es y a amar como tú lo haces, sin condiciones.

El amor está cambiando el mundo entero. Amor es tu verdadero nombre y, puesto que somos tus hijos, también nosotros somos amor. Oh, Padre/Madre Dios, ayúdanos a ser como tú. Amén.

Regreso a la vida

Desperté, y ya no era el mismo.
Por primera vez, abrí los ojos,
los mismos que creí tener abiertos
engañándome por tanto tiempo
sin saber que únicamente
estaba viviendo en un falso sueño.

Con una hermosa sonrisa,
como una estrella brillante,
el Ángel de la Muerte,
en el Ángel de la Vida cambiaba
transformando de mi vida el drama
en la más deliciosa comedia.

¿Es que acaso he fallecido?
Pregunté al Ángel con sorpresa.
Muerto por tanto tiempo has estado
y aunque en tu cuerpo el corazón latía,
tu mente en la tumba de la ilusión dormía,
donde tu divinidad inconsciente yacía.

Tu corazón aún late,
tu cuerpo aún respira
mas tu mente ha despertado
del largo letargo del infierno.
Es por eso que tus ojos han cambiado
admirando la belleza que te espera.

Tu divina conciencia ha despertado.
De tu ser, el amor emana
dejando el odio y el temor en el pasado.
La acusación y la culpa han terminado.
Perdonando tu alma has resucitado
comenzando tu romance con la vida.

Mis ojos la vieron fascinado
comprendiendo la verdad en mí dormida.
Sin pensarlo, me rendí sin condición
y ahora, con humildad, acepto la muerte y la vida.
Dejando ir las ataduras del infierno
con gratitud veo partir mi amor eterno.

MIGUEL ÁNGEL RUIZ

Declaración de la autora

Tengo el privilegio de conocer a don Miguel Ángel Ruiz y a su Gaya, encantadora esposa, desde hace varios años. Miguel y yo hemos conversado en numerosas ocasiones en Santa Fe y Albuquerque (Nuevo México) y en Teotihuacán (México).

Siempre supe que, mientras estábamos hablando, ocupábamos otra dimensión donde las posibilidades de transformación no tienen límite. En este otro lugar, en el que también reside Gaya, prevalecen la afirmación, los planteamientos positivos y un sentido profundamente holístico de lo sagrado. Mi tarea ha consistido en reunir, registrar y dar forma a la sabiduría de don Miguel.

Aunque no soy chamán, ni siquiera principiante, a lo largo de los años de escritura de este libro mi imaginación se ha impregnado del nagualismo con su eterna promesa del cielo en la Tierra, y estoy agradecida por ello.

MARY CARROLL NELSON
Albuquerque, Nuevo México
Mayo de 1997

PRÓLOGO

Un viaje onírico

La presente obra te conducirá por un viaje onírico imaginario. Tu destino es el cielo en la Tierra y tu guía será Miguel Ángel Ruiz.

Miguel es un nagual.

La palabra «nagual» se remonta a tiempos pasados, y ha llegado a nosotros a través del náhuatl, la lengua que hablaba el pueblo azteca. El término es objeto de controversia, aunque en América Central y México tiene el significado de hechicero o brujo. Pero ¿qué es un nagual?

Según la tradición tolteca, cuanto existe conforma un único ser vivo, que se manifiesta creando tanto lo que podemos percibir como lo que escapa a nuestros sentidos. Él es el único que en realidad existe. Todo lo demás, incluidos nosotros mismos, es una emanación de este ser fantástico y maravilloso.

Ejerce el control de nuestro planeta supervisando la energía solar. También el Sol tiene en él su origen, mientras que los planetas que orbitan a su alrededor son emanaciones del Sol. Toda la vida del planeta Tierra proviene del Sol en interacción con la madre Tierra.

Para comprender las emanaciones del único ser vivo, los toltecas lo dividían todo en el nagual y el tonal.

De cuanto existe, el nagual es aquello que no somos capaces de percibir. Podemos definirlo como lo incognoscible y lo desconocido. El tonal es, al contrario, lo que nuestro sentido común reconoce.

El tonal y el nagual sólo pueden existir gracias al intento, o propósito. El intento es esa conexión o fuerza que hace posible toda la transferencia de energía entre el nagual y el tonal. Sin intento, ninguno de ellos tendría entidad. No existiría, literalmente, nada en absoluto. El intento es vida. Es transformación e interacción eternas. El intento es lo que denominamos Dios. El intento es la vida en sí; es Dios y es Espíritu.

En términos de nuestra ciencia moderna, todo lo que existe en el mundo es energía. La luz es energía y todo, en origen, es luz. La energía tiene miles de millones de manifestaciones, millones de vibraciones distintas. El nagual es toda la energía que hay dentro y alrededor de las estrellas que no podemos percibir. Eso es el nagual. La energía que sí percibimos y cuya existencia podemos demostrar la denominamos el tonal.

El sistema solar es un ser vivo con su propio metabolismo, con su nagual y tonal específicos. El tonal es el Sol, con todos los planetas, lunas, cometas, meteoritos, satélites... es decir, cuanto somos capaces de percibir con los ojos y a través de los instrumentos que nos proporcionan mayor capacidad visual. El nagual es la energía que procede de esos planetas y lunas, incluida la energía que emana de la Tierra.

Nuestro planeta es también un ser vivo con sus propios nagual y tonal. Y tiene, a su vez, su propio metabolismo. Al igual que el cuerpo humano tiene muchos órganos que funcionan juntos para mantener un equilibrio perfecto, también la Tierra los posee. Entre ellos figura el órgano humano, formado por todas las personas juntas. Como órgano, cada uno de nosotros tenemos, igualmente, un nagual y tonal propios.

Las emociones son energía que no alcanzamos a percibir, pero las llamamos tonal porque podemos experimentarlas a través de nuestros sentidos. En los seres humanos, el tonal es la energía que conocemos y también la energía que es posible conocer. El nagual es la energía que escapa a nuestra razón. En la tradición tolteca, llamamos Dios a «el Águila», que significa «el espíritu». Todos los seres humanos son el Águila. Todos son el nagual, el tonal y también el intento, tanto si están vivos como muertos. Cuando nos referimos a una persona como a un nagual, queremos decir que posee una energía especial que hace que su nagual y su tonal estén en conexión directa. El nagual puede separar las emociones de las acciones. Nace con una férrea voluntad y el temor no lo detiene. A un ser humano que no es nagual a menudo le paraliza el miedo. Sin embargo, en teoría, cualquiera puede convertirse en nagual mediante el intento. Algunos videntes pueden ver la energía mental característica de cada persona en el campo energético que rodea su cuerpo. Cuando la persona es un nagual, el campo de energía nagual que hay alrededor de su cuerpo tiene una forma parecida a una almendra. Es la forma de una mandorla, un óvalo ligeramente puntiagudo.

Todo nagual tiene la capacidad de mostrar el camino o guiar a los demás hacia el espíritu, convenciéndoles de que en el interior de cada persona hay una fuerza poderosa que la vincula a Dios. Es la fuerza del intento puro. Por lo general, el nagual es quien les orienta para que descubran quiénes son en realidad, y quien les ayuda a encontrar su propio espíritu, su propia libertad, su propia alegría, felicidad y amor.

Miguel Ángel Ruiz nació nagual. Desde el momento de su nacimiento, tuvo una conciencia precoz del espíritu. Era un maestro del intento en ciernes. Ya de muy niño recibió formación de su familia, y también a través de algunas visiones.

Miguel se dedica a difundir su conocimiento espiritual cuanto le es posible. A lo largo de una década, ha elaborado sus visiones para así impartir a sus alumnos el ingente saber que, durante siglos, ha permanecido oculto. Les instruye con sus conferencias, talleres y viajes.

Para aquellos que quizá jamás lleguen a conocer a Miguel, el material que contiene este libro tiene el poder de sustituir el miedo por felicidad.

A todos nos han inculcado temor. Miguel afirma que el temor es la consecuencia lógica del adiestramiento que recibimos de niños. El temor está en el origen de la realidad que habitualmente percibimos a nuestro alrededor. El temor es el germen de la enfermedad y la guerra, y nos distancia de la alegría que nos corresponde en derecho.

El mayor de todos, que subsume al resto, es el miedo a la pérdida o la muerte. El camino de Miguel conduce directamente al corazón de nuestro temor a la muerte. Su sabiduría procede de una visión del centro espiritual tolteca en Teotihuacán, donde los antiguos maestros descubrieron un procedimiento para vencer el temor. Hace años que Miguel viaja cada mes a Teotihuacán con sus discípulos. Y en su viaje, los conduce a través de la Calzada de los Muertos. Dirige ceremonias en varias etapas del trayecto y guía a sus aprendices para que logren afrontar sus temores y los superen. De este proceso, despiertan a una nueva visión de la realidad en la que el mundo es sólo justicia y felicidad.

No necesitas visitar Teotihuacán para beneficiarte de la sabiduría de Miguel. Basta con que dispongas tu imaginación para realizar un viaje al interior de tu propio espíritu.

I

Teotihuacán, el lugar donde los hombres devienen dioses

Teotihuacán, «el lugar donde los hombres devienen dioses», el centro sagrado de los toltecas, se encuentra a unos cincuenta kilómetros al noroeste de la ciudad de México. Los toltecas conocían los secretos de la curación y la transformación espiritual, que se habían mantenido intactos durante miles de años, y los transmitieron a través de la tradición oral.

Miguel Ángel Ruiz es heredero directo de la tradición tolteca. Y, gracias a ello, tiene una conexión psíquica innata con Teotihuacán. El que fuera médico y cirujano en ejercicio, recibió la formación espiritual para convertirse en nagual, o maestro del intento, de su familia materna.

¿Quiénes eran los toltecas? Miguel afirma que no eran una etnia diferente, como los mayas. Tradicionalmente, la palabra definía a un grupo de gente de varios grupos tribales que lograron un nivel poco habitual de iluminación espiritual. Recibieron el nombre de toltecas. Su elevado estado de conciencia les daba derecho a vivir en el recinto sagrado de Teotihuacán.

Miguel recapitula la historia de Teotihuacán. Ha conocido sus detalles a través de viajes visionarios al pasado y a otras culturas. La ciudad se remonta al Tercer Sol, hace más de veinte mil años. En esa época, había una etnia que mantenía un equilibrio perfecto de cuerpo, mente y espíritu. Su sistema inmunológico era tan fuerte que la enfermedad les era prácticamente desconocida. La ciencia y la tecnología habían alcanzado un nivel más elevado que en nuestra civilización actual.

En esa raza humana total, cuya población era cuando menos tan numerosa como la de nuestros días, había una comunicación abierta, resultado de un entendimiento sin restricciones entre cada mente humana. Las personas no estaban limitadas por los conceptos de culpa y juicio. La Tercera Humanidad tenía en la mente un sueño de la realidad que se aproximaba al cielo en la Tierra. Aún se recuerda como Paraíso.

Los seres humanos no son los únicos con una mente poderosa. Unidos a la humanidad, existen unos seres invisibles que también son un órgano de la Tierra. Y, al igual que las personas, comparten el metabolismo del planeta. Estos seres forman un espectro que decrece de lo benevolente a lo dañino. A veces poseen cuerpos humanos. Son muchas las tradiciones que nos hablan de ellos. Desde siempre, han coexistido junto a la raza humana, y más de un pueblo los ha denominado «dioses». Su destino y el nuestro están muy próximos. Los toltecas los llamaban «aliados».

Los aliados carecen de cerebro, lo que significa que no tienen una fábrica para producir emociones, pero necesitan la energía etérea de éstas para sustentar su vida. Los seres humanos están relacionados con ellos de modo muy parecido a como las vacas lo están con las personas. Nosotros recibimos la energía solar, que ya han procesado otros seres vivos como las plantas y los animales, a través de los alimentos que ingerimos. Nuestro cerebro transforma la energía material

en la energía etérea de nuestras emociones. Ésta proporciona sustento a nuestras mentes y a los aliados, o dioses. Sólo somos un recurso de las divinidades.

Los aliados nos inducen a causarnos traumas psicológicos para generar el miedo del que se alimentan. Nacemos con la desventaja que supone ese relativo control que ejercen sobre nosotros los dioses a través de nuestros sueños. La función de nuestra mente es soñar. Y toda nuestra vida es un sueño en un marco de materia. Soñar nos proporciona la sensación de realidad. Nacemos inmersos en un sueño de guerra y violencia. Ése es nuestro reto.

¿Y si todos despertáramos? ¿Qué sería de los aliados si despertásemos de la pesadilla y encontráramos la dicha? Tendrían que evolucionar también y alimentarse de amor, no de temor. Nuestras almas ya dependen sólo del amor y se resisten al miedo. Para saber si un pensamiento es «de Dios» debemos averiguar si provoca temor. Un pensamiento aterrador no es de Dios, aunque puede proceder de un aliado. El verdadero Dios del amor no tiene nada que ver con el temor.

Para resistir la coacción que ejercen sobre nosotros los aliados, es necesario que los reconozcamos. Incluso ahora están alimentándose de nuestras emociones, por tanto hay que vigilar qué clase de emociones se transmiten. Cada una de ellas suscita el interés de seres que les son afines. Si sentimos felicidad, atraemos más felicidad. Si nos sentimos deprimidos, atraemos depresión.*

---

* Las palabras de Miguel Ruiz aparecen, a lo largo del libro, remarcadas por el cuerpo de la serpiente.

Cada nación tiene su propio dios. El destino de la humanidad es la historia de esos dioses. Jehová es el dios de una nación. Alá, de otra. Y la identidad de cada uno es tan real como lo son israelíes y árabes. Cuando estalla un conflicto, no es sólo una guerra entre personas. Es además, literalmente, una guerra de dioses.

Mucho antes de la edificación de Teotihuacán, los dioses temían que los humanos pudieran alcanzar el cielo. Durante el período del Tercer Sol, los aliados deseaban que los seres humanos generaran emociones más intensas, que les sirvieran, a su vez, de alimento. Así pues, para lograr sus propias metas, les conminaron a dividirse cada vez más. Y lo hicieron interfiriendo en la perfección de la comunicación humana. El resultado fue la discordia entre las naciones. La destrucción de la paz mundial la registra la historia bíblica de la torre de Babel.

Por aquel entonces, los tres principales centros de población eran: la Tierra de Mu, que se correspondería con las actuales India y China (Miguel no suscribe la teoría de que Mu o Lemuria desapareciera bajo las aguas del océano Pacífico); la Tierra de los Monos, hoy día América del Norte, y la Tierra de la Atlántida, una isla continental situada entre Europa y América. Durante siglos, todas ellas habían vivido en armonía.

La influencia destructiva de los «dioses» llevó a las naciones de Mu y de los Monos a unir sus fuerzas contra la Atlántida, a la que devastaron en una guerra nuclear masiva. (Una vez más, el punto de vista de Miguel difiere del de quienes creen que los atlantes fueron destruidos por hacer uso indebido de la genética y por el impacto de un cometa.) Una descripción de esta guerra nuclear mundial la encontramos en el Ramayana, uno de los Vedas o libros sagrados de la India, en concreto en la leyenda de Rama. Miguel afirma que en las montañas del norte de la India todavía permanecen enterrados restos de seres humanos altos y fuertes de la Tercera Humanidad.

Uno de los pueblos que habitaba la mitad norte de la Atlántida era constructor de pirámides. Los titanes o atlantes, una etnia de piel oscura, conformaban esa nación. Gracias a su avanzado sistema de comunicación, fueron capaces de erigir la gran pirámide de Guiza, en Egipto. Miguel dice que es un monumento a la Tercera Humanidad.

Con la destrucción de la Atlántida se inició un período de decadencia en el que la vida humana se degradó al nivel de la animal. Desde nuestra perspectiva actual, aceptamos una única evolución y creemos que somos producto de los protohumanos. Pero Miguel identifica a nuestros antepasados con la Cuarta Humanidad, los decadentes descendientes de aquella majestuosa raza anterior.

La Cuarta Humanidad la constituían seres enfermizos, de corta vida e inteligencia escasa. Vivían una media de veinticinco a treinta años, sumidas en un infierno tal que apenas dejaron huella en la historia; pero su recompensa fue una prolífica capacidad de reproducción. De hecho, ellos repoblaron la Tierra tras la guerra nuclear.

Desperdigados, en islas aisladas, los supervivientes de la Tercera Humanidad resistieron durante ocho generaciones. Preservaron sus conocimientos científicos y tecnológicos, así como el desarrollo espiritual anterior al conflicto. Sabían que su tiempo era limitado a causa de los efectos de la radiación. Y, puesto que su capacidad reproductora era baja, procuraron hacer uso de sus últimas fuerzas para instruir a los primitivos seres de la Cuarta Humanidad. Visitaron sus centros de población, aunque sin aproximarse demasiado ya que temían contagiarse de sus frecuentes enfermedades y les transmitieron, ante todo, conocimientos básicos de agricultura e higiene. Los miembros de la Cuarta Humanidad consideraban que aquellos seres, más altos y más inteligentes, eran «dioses». Podemos encontrar vestigios de ellos en las escrituras sagradas, como el Elohim de la Biblia, por ejemplo.

Los supervivientes de la Tercera Humanidad llevaron a cabo experimentos genéticos para mejorar la raza. También buscaron el modo de preservar los conocimientos de tiempos pasados, cuando la gente vivía en armonía y sabía qué significaba disfrutar de un perfecto equilibrio. Ya entonces, la zona de Teotihuacán era conocida como un lugar sagrado, y por eso parte de la antigua sabiduría se guardó en aquel emplazamiento para que generaciones futuras lo descubrieran.

Los toltecas creían que el Sol es la fuente de inteligencia del sistema solar. Los últimos Terceros Humanos le rezaron para, con su ayuda, salvaguardar los conocimientos que permiten alcanzar la armonía perfecta. El Sol respondió, enviándoles un nuevo tipo de energía en forma de mensajeros. La luz es el mensajero del Sol. En aquella ocasión, la nueva clase de luz se manifestó en seres angelicales, que se aparearon con los humanos para crear una raza mestiza capaz de posibilitar una nueva evolución de la inteligencia. Enoch fue uno de estos seres mutados.

En la actualidad, muchos eruditos y profesores creen que la presente generación humana fue engendrada por seres que llegaron a la Tierra del espacio exterior en cosmonaves. Afirman que los extraterrestres efectuaron prácticas de reproducción y mezclaron sus propios genes con los de los protohumanos. Pero Miguel no cree que el germen procediera de seres de otro planeta. Su visión tiene mayor raizambre mítica y parece corroborar la posibilidad de partos de vírgenes, o de partos estimulados por seres angelicales, no humanos, enviados desde el Sol. Sea cual sea la visión correcta, existe un elemento

«mágico» en esa mutación que alteró la humanid~
gar a la raza actual.

En aquellos tiempos, el cambio de la luz solar qu~ ~~
la vida en la Tierra señaló el inicio del Quinto Sol. La
Quinta Humanidad —una raza de mutantes— es la nuestra.
Somos en parte celestes y en parte terrenales. El Sol modificó
el ADN humano para que nuestra raza mutase en seres mejores, con una mente superior. Los esfuerzos de la presente evolución se centran en recuperar la perfecta comunicación interna que existía antes en la Tierra y que desapareció, así
como la paz y la armonía que ésta produce. De nuevo estamos tomando conciencia de nuestro parentesco humano.

Hemos redescubierto conceptos como la paz, el amor y la
justicia. Hemos creado leyes. Y procuramos elevar el nivel de
vida de la humanidad. Aun así, padecemos la carencia de armonía interna y necesitamos una aportación de nueva energía para proseguir nuestra evolución espiritual.

Desde enero de 1992, la luz del Sol ha vuelto a cambiar.
Su vibración es distinta e incluye más rayos violetas. Vivimos
los inicios del Sexto Sol. Y estamos asistiendo al nacimiento
de la Sexta Humanidad. Los precursores de esta nueva raza ya
habitan entre nosotros. Conocen, otra vez, el sueño esencial
del cielo en la Tierra. Por todo el mundo, resurgen los conocimientos que habían permanecido ocultos desde los tiempos
del Tercer Sol. Muchas tradiciones indígenas están revelando
su sabiduría, a la par, pensadores avanzados de entre científicos y filósofos están descubriendo conceptos que los conducen hacia un creciente movimiento holístico. Hoy en día, hay
una proliferación mundial de individuos aventajados que han
logrado la maestría de su comunicación interna. Avatares anteriores, como Cristo, Buda y Krishna, sirvieron de modelos.
Siempre ha habido maestros vivos, pero hemos tenido demasiado miedo de aceptar su única y simple verdad: que proce-

demos de la luz, que somos de Dios. Cuando lo reconocemos, somos capaces de olvidar los sentimientos de temor, odio hacia nosotros mismos, culpabilidad, envidia y, también, el sufrimiento.

Teotihuacán es uno de los lugares donde esa sabiduría ancestral ha permanecido intacta. Miguel Ángel Ruiz, con sus visitas al emplazamiento, ha ido recuperando cada vez más este conocimiento en sucesivos estados de trance. Cree que emana de las piedras con que fueron construidos los diversos templos. Ellas funcionan como un banco de datos y, gracias a su capacidad, Miguel puede acceder a la información que allí depositaron maestros anteriores. En uno de esos trances «vio» cómo los fundadores de Teotihuacán estaban recuperando del lugar el sueño del cielo en la Tierra, incluso antes de que los templos fueran construidos.

Hace aproximadamente cuatro mil años, en tiempos del Quinto Sol (que duró cinco milenios), un grupo de personas espiritualmente avanzadas que procedía del norte entró en una cueva que, recientemente, se ha localizado bajo la pirámide del Sol de Teotihuacán. Todos ellos compartieron el sueño de una serpiente enorme. Uno de los componentes del grupo, Espejo Ahumado, dirigió o guió la visión de modo que los demás tomaran conciencia de que estaban soñando.

Espejo Ahumado halló la manera de detener el sufrimiento a su alrededor y de enseñar a los demás a convertirse en los seres afectuosos que son en realidad. Sabía que la comunicación interior se había interrumpido en el Tercer Sol, cuando la humanidad alcanzó su nivel más elevado. Supo que los dioses le habían impuesto a nuestra conciencia un Juez y una Víctima, y que la inseguridad había destruido entonces nuestra comunicación interior. Espejo Ahumado vio que los

dioses han entablado una lucha con los seres humanos. Quieren que permanezcamos en el infierno. Ellos invaden nuestra mente durante el proceso de adiestramiento por el que pasamos de niños. Una de las creencias perturbadoras que nos inculcan es: «Sólo soy un ser humano.» Sin embargo, no debemos sentirnos limitados. El alma humana es más grande que los dioses, y la mente humana es tan inmortal como ellos.

Los dioses intentan infundir una sensación de injusticia, que es como un cuchillo que lacera la mente. La injusticia produce un veneno emocional que se manifiesta en forma de tristeza, envidia y temor. La herida de la mente lastimada puede doler y una vez abierta, produce más veneno. Cuando los demás «pulsan la tecla» sentimos dolor. Procuramos cubrir las laceraciones e impedir que nadie las toque, pero ese vendaje es una falacia. Es algo similar a una armadura, un sistema mecánico de negación y defensa. Sabemos que la injusticia no está bien, e intentamos tocar las heridas de los demás para desquitarnos.

Los toltecas eran seguidores de Espejo Ahumado. Eran guerreros espirituales que sabían que estaban en lucha contra los dioses, quienes se crecen en el conflicto. Su objetivo era convertirse en dioses para despojarse de todos los temores y recuperar el control sobre su propia mente. Para ello, era necesario que generasen amor en lugar de miedo. Con este conocimiento, cambiarían el mundo por el Paraíso. Los actuales guerreros espirituales también son conscientes de estar en lucha contra los dioses que les poseen. Esta dominación concluye en cuanto abogamos por el derecho a soñar nuestro propio sueño. La voluntad nos capacita para superar el dolor personal y nos conduce hacia la libertad.

Espejo Ahumado descubrió el saber primordial que nos legó la Tercera Humanidad: que somos hijos del Sol. Averiguó que todo está hecho de luz. «Comemos» luz y ella nos trae mensajes del Sol, que es el que controla la vida en nuestro sistema.

Siguiendo las instrucciones que recibió en su sueño, Espejo Ahumado diseñó y dirigió la construcción de los primeros templos de Teotihuacán, y su sabiduría impregnó las piedras de aquellos edificios. En años posteriores, las estructuras primigenias fueron ampliadas y se construyeron otras. Este grupo de magos, o sabios, fundó una escuela de sabiduría, o de misterio, en el lugar donde los hombres devienen dioses.

Durante varios milenios, los maestros de Teotihuacán enseñaron a quienes anhelaban la espiritualidad alcanzada a superar el temor y a vivir como si estuviesen en el cielo, y no en el infierno que la mayoría de los seres humanos percibe a su alrededor. En tiempos precolombinos, el emplazamiento espiritual estaba rodeado de un gran centro de población de unos doscientos mil habitantes. Era también la zona de comercialización y producción más importante del centro de México. Nadie podía solicitar ser formado por los maestros toltecas. El candidato debía ser seleccionado. Los maestros, que se movían de incógnito entre los habitantes, captaban a quien estaba preparado para iniciar el aprendizaje con ellos. Y sin darse a conocer, llevaban a cabo diversas pruebas para determinar la valía de aquellos cuyas formas de vida estaban observando.

Cuando advirtieron que estaban próximos al final del ciclo de poder en Teotihuacán, los maestros fueron lo bastante excelsos como para hacer lo mismo que las escrituras nos cuentan que hizo Jesús: ascendieron. Abandonaron sus cuerpos físicos, se unieron a la luz y se elevaron al Sol. Atrás quedó un vacío de liderazgo entre el grupo de aspirantes espirituales que estaban en distintos niveles de aprendizaje, aunque ninguno en la fase de maestría.

Cuando una invasión de pueblos bárbaros llegados del norte conquistó Teotihuacán, aquel grupo de toltecas aspirantes fue incapaz de resistir. Muchos murieron.

Se produjo el mestizaje entre los habitantes de Teotihuacán y aquellos invasores, quienes intentaron adaptar las prácticas espirituales toltecas a sus creencias más primitivas en dioses celosos que exigían sacrificios humanos. Es probable que los cuerpos que se han descubierto enterrados bajo la pirámide del Sol de Teotihuacán pertenezcan a los discípulos espirituales que hicieron frente a la invasión y fueron asesinados de modo ritual.

La corrupción se adueñó de Teotihuacán y hacia el año 700 a.C., la ciudad fue abandonada como centro espiritual. Sus templos quedaron ocultos bajo túmulos deliberadamente. En la actualidad, los arqueólogos están desenterrando el yacimiento, al que podrá accederse a tiempo de coincidir, en un plano esotérico, con la emergencia de la Sexta Humanidad.

Los restantes toltecas aprendices huyeron de Teotihuacán. Algunos fueron hacia el sur y se mezclaron con los mayas que, por aquel entonces, se encontraban en un estado de decadencia total. De ese mestizaje entre toltecas y mayas surgió el nuevo Imperio Maya.

Otros formaron una nueva comunidad en Tula, donde, en un primer momento, se mantuvo viva la sabiduría tradicional tolteca. En los pueblos, grupos reducidos intentaron preservar ese conocimiento como una religión, pero el resto de los habitantes luchó por mantener el control. El sumo sacerdote procedía de la ciudad más poderosa del área de influencia de Tula.

Él era considerado la encarnación de Quetzalcóatl, «la Serpiente Emplumada», hermano gemelo de Espejo Ahumado. En la religión tolteca, ambos simbolizaban el nagual y el tonal, indistintamente, pues se turnaban en la representación de esas dos energías. En ocasiones, Espejo Ahumado tenía la energía nagual mientras que Quetzalcóatl poseía la energía tonal. Después, invertían las posiciones.

El conocimiento tolteca terminó por corromperse en manos de los dirigentes de Tula, quienes sucumbieron al poder temporal e hicieron un uso indebido del conocimiento silencioso de Teotihuacán al intentar escapar a la muerte. Miguel afirma que de allí procedían algunos de los peores hechiceros de magia negra que el mundo jamás ha conocido. Convirtieron a Quetzalcóatl en un demonio del mismo modo que, más tarde, los cristianos poderosos demonizaron el nombre de Jesús.

Los aztecas llegaron a ser la nación más poderosa de México. Levantaron el Templo Mejor en la ciudad de México y trataron de inculcar la sabiduría de Tula. Ellos habrían de ser los nuevos toltecas.

De entre los aztecas, dos grupos de guerreros espirituales conservaron la sabiduría tolteca durante los quinientos años posteriores a la conquista española. Eran los «caballeros jaguares», guerreros en formación, y los «caballeros águilas», que eran naguales totalmente preparados.

Los caballeros jaguares se iniciaban a la muerte en una ceremonia ritual con agua y fuego, durante la cual renunciaban al miedo, a la cólera y a la envidia. Tras su formación e iniciación, su visión del mundo se transformaba, y en ella sólo imperaba la justicia. A partir de ese momento, se convertían en caballeros águilas.

El más elevado de estos últimos era el «tlotoani», el representante de Dios en la Tierra. Cualquier caballero águila podía llegar a ser tlotoani. Los antepasados de Miguel eran caballeros águilas.

El águila encarnaba a la divinidad, y todos los caballeros águilas, incluso en la actualidad, permanecen en contacto diario con la divinidad. Se encuentran en un estado de felicidad continua. Las prácticas que les orientan en la toma de conciencia de la dicha son las mismas que se seguían en la antigua India, en Egipto y en Grecia, y aún se conservan como tradiciones vivas entre los pueblos indígenas. En tiempos remotos, Teotihuacán estaba conectada con muchos otros centros sagrados de todo el mundo y todos ellos compartían el mismo conocimiento silencioso primordial.

La forma de vida tolteca promueve un equilibrio perfecto entre el cuerpo, la mente y el alma. En la mayoría de tradiciones, algunas funciones corporales se tachan de indeseables. No así en la tolteca. Por ejemplo, los elevados guerreros espirituales no están obligados a permanecer célibes. Uno de los principios básicos de su creencia consiste en respetar la perfección del cuerpo humano, como si de un templo se tratara. Los toltecas centran sus esfuerzos en llegar a ser personas sin temor, que no emiten juicios ni se sienten víctimas, y alcanzar un estado de amor.

Miguel se refiere con frecuencia a otras tradiciones. Siente un cariño especial por la Biblia y la historia de Cristo. También venera el recuerdo de Buda. En sus conferencias, conecta la vía espiritual tolteca con las vidas de esos avatares. Asegura que todos los caminos son básicamente el mismo, pero la culpa, el juicio y el temor se han infiltrado en las principales religiones.

El linaje de Miguel Ángel Ruiz

Miguel es el decimotercer hijo de la famosa curandera Madre Sarita. Siendo él niño, el prestigio de su madre era local. Cuando Miguel tenía once años, Sarita enfermó de gravedad debido a un cálculo biliar. Los médicos querían operarla, pero una cardiopatía subyacente hacía peligrosa la anestesia general. La madre de Sarita la llevó a un centro de curación familiar donde practicaban la cirugía psíquica. Durante el proceso, Sarita tuvo la visión de un médico y tres enfermeras que le operaban la vesícula. Al abrir los ojos preguntó por ellos, pero la única persona allí presente era el médium. La cirugía curó a Sarita tanto del cálculo biliar como del problema cardíaco. A partir de entonces, dedicó su vida a sanar a otras personas usando la sabiduría que le había sido legada.

Miguel creció con la conciencia de que otra dimensión distinta a la que vemos afecta al nivel material de la realidad. Sus hermanos mayores le habían contado a Miguel que muchas veces se sentaban alrededor del hogar con sus abuelos maternos, antes de que él naciera, para escuchar las historias de las pequeñas personas que vivían cerca. Sus hermanos veían a aquellos seres jugando en los árboles que rodeaban la casa. La ciudad natal de su madre, Juanacatlán, era un lugar especial, lo que Miguel llama «una ciudad mágica». Uno de los habitantes de la ciudad, don Nachito, era propietario de la farmacia y hacía las veces de médico. Le gustaba regalar cosas a los niños, especialmente dinero.

—Solía dar dinero a mis hermanos —cuenta Miguel—. Lo producía. Dijo a mi hermano mayor: «Voy a poner una moneda en esta caja. Es tuya. Colócala debajo de la almohada. Cada día habrá otra moneda dentro.»

Su hermano no abrió la caja hasta que la curiosidad le pudo, pero cuando lo hizo, la encontró llena de monedas. El haber escuchado todos aquellos relatos extraordinarios mientras crecía condicionó a Miguel a aceptar la existencia de otro plano mágico de la vida, más allá del mundo cotidiano visible.

Durante su tercer año en la facultad de Medicina, Miguel tuvo una introducción traumática a esa otra dimensión. Sufrió un violento accidente automovilístico, en el que tuvo una experiencia extracorpórea, y, desde entonces, sus visiones interiores se aceleraron.

Miguel se licenció en Medicina en la Universidad de México. Más tarde, ejerció un año en el pueblo de Alta Sonora, en el desierto de Sonora.

La experiencia de aquel año fue maravillosa. Frecuentemente me encontraba con un maestro, que era un hombre flaco cercano a los cincuenta años, de alrededor de 1,65 metros de altura, llamado don Esteban. Me tomó como aprendiz. Me mostró cosas sorprendentes y me enseñó a profundizar en el estado onírico y a explorar el sueño.

Don Esteban me llevó a una cueva donde me reveló una forma de dominar los elementos mediante una invocación. Es un modo poderoso de controlar la energía que existe entre la vida y la muerte, una forma de comunicarse con los distintos órganos del planeta, como el viento, el agua y los bosques. Hizo que me enfrentara a la mayoría de mis temores. Siempre desafiaba mi razón, mi inteligencia y, sobre todo, mi importancia personal. Me enseñó a ser humilde y a apreciar cuanto existe, tal como es. De él aprendí el respeto por los seres humanos y la naturaleza, y a valorar su identidad.

Don Esteban era un hombre maravilloso. Era poderoso, cariñoso y amable, pero cada vez que lo veía sabía que iba a desafiar mis temores. Cuando estaba con él, yo siempre llevaba puesta una máscara defensiva.

Un año después de haberme ido de Alta Sonora, regresé a buscarle, pero me llevé una gran sorpresa porque descubrí que nadie le conocía. Nadie había

oído siquiera hablar de él. Era como si jamás hubiera existido. En esas ciudades pequeñas, todo el mundo se conoce. Así que empecé a dudar de si habría sido de carne y hueso... o de si procedía de otro estado de conciencia en el cual le di vida según mis preferencias. Ahora sé que había una estrecha conexión entre don Esteban y mi abuelo, don Leonardo.

En 1978, tras ejercer un año como médico rural, Miguel y sus dos hermanos mayores, también médicos y cirujanos, montaron una consulta en Tijuana.

En 1980, Sarita pidió a Miguel que iniciase un aprendizaje con ella. A lo largo de sus tres años de formación intensiva, todos los domingos estuvo en trance entre ocho y doce horas. En ese estado alterado de conciencia viajó al antiguo Egipto, a Grecia, a la India, a China y a Persia, y aprendió sus sistemas de creencias. Esas experiencias tenían la misma intensidad y autenticidad que los viajes en la vida real, y le proporcionaron una información tan factible y veraz sobre las tradiciones históricas de aquellas culturas que podía compararlas con el hinduismo, el budismo, el mazdeísmo y el cristianismo contemporáneos. Concluyó que todos los sistemas de creencias tienen principios similares.

Viaje en trance a Egipto

Un domingo, durante el segundo año del aprendizaje de Miguel, los veintiún discípulos de Sarita (incluidos tres de los hermanos de Miguel) se reunieron con ella y con Luis. Iban a entrar en trance. Aquella práctica le resultaba familiar, pues se la había enseñado don Esteban, su anciano maestro en el desierto de Sonora. Miguel, aquel día, pasó con facilidad al estado de sueño y se encontró en un largo pasillo subterráneo. Aunque sabía que estaba soñando, la experiencia fue intensa. Permaneció en trance durante ocho horas, pero su tiempo onírico abarcó casi un año.

Me hallaba a la entrada. Oí que una puerta se cerraba a mis espaldas y me encontré en un pasillo iluminado por antorchas. Sabía, por experiencia, que era capaz de controlar los sueños como si estuviese despierto. Nunca me asustaban, pero éste era diferente. Yo ocupaba otra realidad y no podía controlarla. Este sueño existe en la memoria del planeta y todo aquel que ha sido adiestrado puede acceder a él.

Se me apareció un hombre alto, flaco y calvo, vestido con una túnica egipcia de algodón blanco, que debía de tener cincuenta o sesenta años. Una pronunciada sombra oscura rodeaba sus ojos y su postura era autoritaria, severa. Yo sabía que me pondría a prueba.

Puesto que era incapaz de controlar aquel sueño, decidí estar al acecho, lo que significaba que habría de ser cauteloso y vigilar todo lo que ocurriese dentro y fuera de mí a partir de entonces. Agucé el oído y decidí aprender cuanto pudiera de él, no sólo de sus palabras sino también de su actitud. A todas luces era un hombre instruido. Me impresionó. No podía tontear con aquel hombre tan humilde y serio.

Enseguida trató de intimidarme. Quería ponerme a prueba.

—¿Sabes por qué estás aquí —me preguntó.

—He venido a aprender —contesté.

No estaba seguro de dónde estaba. Sólo sabía que era un lugar sagrado, un lugar santo donde la intención era descubrir conocimiento esotérico.

—¿Sabes dónde estás? —inquirió.

—En un lugar sagrado donde hay conocimiento oculto —afirmé.

—Si has venido para aprender, no puedes irte hasta haberlo logrado —aseveró.

En mi interior escuché «¿aprender qué?», aunque no dije nada en voz alta. El anciano tomó una antorcha de la pared y empezó a mostrarme las imágenes de ambos lados del pasillo. El corredor todavía existe, aunque en ruinas, pero a cierto nivel de vibración se mantiene en excelente estado. Y ése fue el nivel que alcancé en mi sueño. Es posible hallar idéntica frecuencia en otros emplazamientos sagrados de Grecia, Teotihuacán y Perú. Podríamos decir, para entendernos, que es la misma que la de Cristo. La luz es el todo, y una vibración es una frecuencia de luz en su poderosa memoria. Vibrar a la misma frecuencia de algo que haya existido significa acceder a ello.

No reconocí las imágenes que el anciano me mostraba. Aun así, por el estilo de las figuras representadas, supe que estaba en Egipto. Además, el propio hombre era el reflejo de lo que yo conocía del antiguo Egipto. A mi mente acudieron las palabras: «Ese hombre es un hierofante.»

—Antes de que puedas marcharte, debes decirme el significado de estas figuras de la pared —indicó el hierofante—. No te preocupes por comer o beber. Intenta sólo comprender. —Después, me dejó solo.

Quise comprender, pero no conocía el significado de aquellas imágenes. Pasaron días, semanas. En cierto momento, tuve miedo de no averiguarlo nunca y de no poder abandonar el sueño jamás. A pesar de que estaba en trance, no podría escapar a él porque había

entrado en el sueño de otra persona. Me invadió el pánico.

Algo cambió con rapidez y me entregué a la experiencia. Ya no tenía prisa por irme. Sentí que nada ocurriría si permanecía allí para siempre.

No sé cuánto tiempo luché antes de la rendición, pero, de repente, estaba en comunión con la energía de las figuras de la pared. Y se obraron milagros.

Rendirse es una forma de ser feliz en cualquier circunstancia. Acepté aquel lugar como mi nuevo mundo y todo empezó a cobrar sentido. Ya no me preocupaba el tiempo. Acepté el intercambio de energía a medida que las figuras parecían vivir. La comunión consiste en vibrar a la misma frecuencia. No hice uso de la razón.

El hierofante regresó. Yo estaba seguro de conocer el significado de las figuras y quería explicárselo. Me sentí tranquilo. Pero él se limitó a sonreír.

—Puedes irte —me dijo.

Fue otra prueba, y no me estaba permitido contar lo que había aprendido.

Cuando abandoné mi sueño, todo el grupo estaba ya despierto. Hacía tiempo que me esperaban. Juntos compartimos la visión de nuestros sueños y los anotamos en el *Libro de la vida* de Sarita. Luego, Sarita lo quemó.

Aquel sueño le concedió a Miguel una referencia básica plena con la que poder valorar todo lo demás. Supo que las imágenes de la pared del pasillo egipcio eran ilustraciones de *El libro de Tot*. Esta antigua colección de sabiduría es conocida con otros nombres: *El libro egipcio de los Muertos* y *El libro de Hermes*. Se cree que tiene una antigüedad de, al menos, treinta y cinco mil años.

Miguel se dio cuenta de que las imágenes que había visto eran el origen de lo que en la actualidad llamamos cartas del Tarot. Dedicó cierto tiempo a estudiar los arcanos mayores para absorber energía de las imágenes. En sus estudios, descubrió que ninguna baraja del Tarot es del todo fiel, pero la diseñada por Pamela Coleman-Smith bajo la dirección de Arthur Edward Waite se fundamenta en el amor. Por contra, las cartas que diseñó Aleister Crowley se basan en el temor. Para comprobarlo, basta comparar el Loco de ambas barajas: el loco feliz de la baraja de Waite se transforma en un monstruo en la de Crowley.

Partiendo de su conocimiento del Tarot original, Miguel afirma que la carta Juicio debería llamarse en realidad Resurrección. El Mundo es, de hecho, el Universo. Y Fuerza sería más bien Valentía.

El Tarot ilustra el Génesis y, si se disponen las cartas de un modo concreto, puede verse una estructura similar a la de la Calzada de los Muertos de Teotihuacán, que es la fuente de la sabiduría tolteca. Se puede probar la siguiente distribución:

PRIMERA FILA   *El Mundo* (Universo)

SEGUNDA FILA   *El Mago*

TERCERA FILA   *El Sumo Sacerdote*
El Hierofante (Adán y Eva)

CUARTA FILA   *El Emperador*
Los Enamorados (Paraíso)
El Ermitaño

QUINTA FILA   *La Emperatriz*
El Carro
Templanza
Muerte

SEXTA FILA	*Fuerza* (Valentía)
	Juicio (Resurrección, Justicia)
SÉPTIMA FILA	*La Estrella, La Luna*
OCTAVA FILA	*El Sol*
NOVENA FILA	*El Loco*

Miguel tiene intención de escribir en un futuro una interpretación del Tarot, aunque por ahora nos interesa conocer que, en su opinión, el Loco es todo hombre que sueña que no sabe adónde va, mientras lleva todas sus cosas en su hatillo de vagabundo. Pero también lleva en su mano el lotus de la conciencia divina.

Fuera de la Calzada de los Muertos, cuatro cartas representan el infierno. Son el Diablo, la Torre, la Rueda de la Fortuna y el Ahorcado. En la Calzada, el Sol es el arquetipo de la perfección como sucede con Ra, Horus, Hermes, Cristo o Krishna. Incluido en este patrón hay cuatro cartas que simbolizan los arcángeles. Ariel corresponde a los Enamorados, y significa Fuego. Templanza es para Rafael y la Tierra. El Carro se refiere tanto a Miguel el Guerrero como al Agua. El Mensajero es Gabriel y también el Aire. Si se considera el patrón como un glifo, se convierte en el ojo de Ra, que es la Puerta al Infinito o el camino hacia Dios. La fila exterior es la serpiente doble de Teotihuacán.

En el sistema de iniciación mediante el trance se aprende a examinar el significado último de los símbolos. Miguel está dotado de una gran capacidad para captar las conexiones entre sistemas simbólicos. Intuye la unidad en la raíz de toda la sabiduría esotérica que se está liberando a la conciencia humana en este momento.

Tras el aprendizaje de Miguel, Madre Sarita estaba convencida de que era un nagual totalmente preparado, y anunció que era un «maestro del intento» con control absoluto sobre la voluntad, el espíritu y el amor incondicional.

Cuando Miguel comparó las técnicas de curación naguales con los métodos médicos y quirúrgicos alopáticos, concluyó que su energía nagual lo convertía en un curandero más efectivo. Aunque cree que algunas enfermedades y problemas de salud se tratan de forma más adecuada con una intervención médica directa, se percató de que la medicina convencional no bastaba para curar la enfermedad del espíritu que sufre este planeta. Tras un largo debate interno, decidió abandonar la práctica de la medicina y dedicarse a la tradición que le había sido legada. No le resultó fácil tomar aquella decisión, pues significaba haber de renunciar a la identidad que tanto tiempo había tardado en lograr. Los cuatro años siguientes enseñó y efectuó sanaciones en el templo de curación de Madre Sarita en San Diego, California.

Miguel da conferencias, dirige talleres y conduce meditaciones. También organiza viajes a emplazamientos sagrados y proporciona consejos y curaciones en sesiones privadas en Santa Fe, San Diego, Los Ángeles, Sacramento y cualquier otro punto de Estados Unidos y México. El alcance de su obra se extiende sin cesar. Ha fundado la «Sixth Sun Foundation», una ramificación de «Nueva Vida», el templo de curación que construyó para su madre y que ahora ha clausurado.

«Todavía trabajo como médico pero ya no curo sólo el cuerpo. Mi objetivo es llegar al espíritu de la gente y hacerle saber que tiene elección», afirma Miguel.

El primer contacto con la tradición tolteca lo tuvo Miguel a través de las historias que contaba su abuelo materno, don Leonardo Macias, quien era también un nagual, pero sólo compartía sus conocimientos con un grupo reducido de adeptos. Su hija Sarita revela su sabiduría a todo aquel que solicita su ayuda. Desde los seis años, Miguel ha sabido que su familia esperaba que él divulgara la sabiduría de su familia cuanto le fuera posible.

Unos meses antes de que Miguel se iniciara como maestro del intento, Gaya Jenkins visitó a Madre Sarita por un problema de salud. Sarita le sugirió que asistiera a las clases que Miguel estaba dando. En cuanto Gaya entró en el aula, Miguel la reconoció como la mujer de los sueños que había tenido desde su juventud. Tenía la misma belleza llamativa de rostro, la misma voz y la misma actitud. De ese encuentro surgió la vida en común y el matrimonio de Miguel y Gaya.

Mucho antes, don Leonardo había advertido a Miguel que las energías de los lugares ancestrales aún disfrutaban de gran poder, y le indicó que no los visitara mientras no estuviese preparado. Miguel jamás había estado en el antiguo emplazamiento de Teotihuacán antes de marzo de 1988, cuando llevó a Gaya a visitarlo durante su luna de miel. Al cruzar la primera puerta del lugar, Miguel y Gaya se sentían como un par de turistas corrientes, pero muy pronto les resultó evidente que Teotihuacán les afectaba de tal modo que se habían sumido en sueños personales e independientes. Las visiones que tuvo ese día fueron el comienzo de la rápida síntesis que Miguel ha desarrollado de la sabiduría tolteca y de conocimientos sagrados de otras tradiciones culturales que le son revelados, cada vez con mayor frecuencia, en sueños y estados de trance.

En los siguientes capítulos compartiremos la sabiduría que Miguel ha recibido y que permaneció oculta aguardando la llegada del momento exacto de la historia en que todo el conocimiento que durante siglos los pueblos indígenas preservaron habría de revelarse.

Vamos a entrar en otra dimensión, paralela a la de la vida cotidiana que conocemos, donde la magia es un suceso habitual. Aunque visitamos esta dimensión en nuestros sueños nocturnos y ensueños diurnos, quizá no lo hayamos hecho aún de modo consciente. Para seguir el camino tolteca hacia la libertad desde el temor, actuaremos como el nagual. Entraremos en este universo paralelo y saldremos de él viajando hacia el interior de nuestra mente.

2

La visión de Teotihuacán

Cuando Miguel Ángel Ruiz y su esposa, Gaya, se sentaron en lo alto de la pirámide del Sol en Teotihuacán, el ojo interior de Miguel captó una visión. Mirando a unos seiscientos metros a su izquierda, contempló el templo y la pirámide de Quetzalcóatl, la Serpiente Emplumada, y su patio anterior. Entonces, de repente, su percepción le mostró que aquella plaza era la cabeza de una serpiente cuya boca abierta se extendía por la escalinata del templo.

Volvió despacio la cabeza para seguir con la mirada el «cuerpo» de la serpiente desde la plaza hacia el norte, donde ésta se une a la Calzada de los Muertos. Observó la ruta, situada unos sesenta metros por debajo de donde se encontraba sentado, y siguió su progreso otros novecientos metros hasta la pirámide de la Luna, a su derecha. También allí vio que la plaza era la cabeza de una serpiente cuya boca seguía el ascenso de la escalinata del templo anexo al frontal de la pirámide.

Sumido en esta visión, Miguel recordó de pronto el sueño que tuvo por primera vez de niño y que se repitió a medida que crecía. En él, siempre se sentía atraído hacia la boca de una enorme serpiente de dos cabezas que lo engullía. Más allá de la feroz cabeza, el cuerpo de la serpiente se abría a un túnel lleno de demonios, que para Miguel representaba la experiencia de la muerte. Advirtió que ya no tenía cuerpo, que ya sólo era conciencia. Y cuanto más se adentraba en el túnel, más lejos quedaban sus temores, pues eran sustituidos por sensaciones de paz.

Miguel tuvo este sueño en repetidas ocasiones y, en cada una de ellas, avanzaba un poco más por el túnel antes de despertarse. Por fin, lo recorrió por completo, a lo largo de todo el cuerpo del animal, y cayó en la segunda cabeza de la serpiente, de donde fue expulsado en un estado transformado, con la certeza de formar parte de todos y de todo, conectado por completo al universo entero. Aquel sueño siempre le desconcertaba, pero ahora comprendía que representaba Teotihuacán.

Entonces, otro recuerdo le vino a la cabeza. Don Leonardo le había dicho una vez:

—En México, una serpiente gigante ha estado dormida durante cientos de años. Pronto, un hombre sabio despertará al gigante y cuando lo haga, el planeta no será el mismo. Los seres humanos cambiarán el sueño del planeta.

Esta historia también tenía que ver con Teotihuacán, y parecía guardar relación con su sueño.

—Mi sueño era el eco de un sueño antiguo. Estaba en sintonía con ese sueño que una vez tuvo otra persona y que inspiró la construcción de este lugar. Esa otra persona era Espejo Ahumado. Espejo Ahumado y yo somos un ser, porque estoy conectado con su vibración —explica Miguel.

Todos nosotros tenemos la capacidad potencial de contactar con el patrón de vibración de alguien que ha vivido antes. Estos patrones de vidas, llamados registros akashicos, existen a nivel etéreo. Según Miguel, al entrar en contacto con un patrón de vida anterior, un alma reencarna en sí ese patrón. Nuestra alma puede no haber vivido nunca antes en otra persona, pero cuando nos encontramos en un estado alterado podemos acceder a otra vibración de vida. Al sintonizar con ella, despertamos de nuevo una parte permanente de nuestra memoria. Así, Miguel despertó a Espejo Ahumado y soñó su sueño.

Teotihuacán provocó una sensación tan fuerte de *déjà vu* en Miguel que sintonizó con otro patrón más de vida. Se vio de pie en la plaza del templo de Quetzalcóatl en medio de una multitud de fieles, personas que habían viajado desde muy lejos, congregados a la espera de un milagro. Era el año 1929. El *yo* que visualizó era un monje hindú vestido con una túnica naranja. Miguel accedió a esta experiencia justo en el instante en que el monje se decía a sí mismo: «Voy a nacer en México, en una familia que me enseñará el conocimiento de Teotihuacán.» En 1952, unos meses después de que aquel monje muriera, nacía Miguel Ángel Ruiz. Por lo tanto, su alma se había introducido en el cuerpo de Sarita antes de fallecer. Este episodio se ajusta a las creencias clásicas orientales en la reencarnación y no resulta extraño que guarde relación con la India.

En su vida presente, Miguel podría pasar por hindú. Es un hombre de escasa altura, con el cabello oscuro y ondulado. Su cara cobra vida a través de unos ojos oscuros y grandes, de mirada sabia. Resulta fácil imaginarle con una túnica o un *dhoti* en casa, entre otros hindúes. La India ha ejercido una atracción tan fuerte en él que hubo de visitarla y efectuar una muerte ritual para romper la conexión con ese país y así liberarse y poder vivir su presente vida.

Ya no me siento de la India. Ahora soy de este mundo. En la India se puede acceder al mismo conocimiento silencioso ancestral que en México, pero

la disciplina es diferente, porque el tiempo en ella se mueve muy despacio. Allí lo apropiado es meditar horas y horas, detener el razonamiento y trascender. Para nosotros, sin embargo, esto es algo que resulta complicado porque los occidentales tenemos prisa por entenderlo todo, a diferencia de los indios. En consecuencia, nuestro método es más rápido y para nosotros es más fácil adaptar el conocimiento de los toltecas (u otros sistemas occidentales de conocimiento indígena) y aprender a transformar aquí que en la India.

Miguel siguió experimentando la sensación de haber estado antes en Teotihuacán como un hindú, y también la de saberse identificado con Espejo Ahumado. Ambas visiones confirmaron que Teotihuacán es un lugar espiritual, el lugar donde su sueño se hizo realidad.

Antes de descender de la pirámide del Sol, Miguel se volvió hacia Gaya y dijo: «Traeré aquí a muchas personas.» Así pues, acababa de aceptar la responsabilidad de aquello que don Leonardo le sugiriera años atrás, cuando dijo que Miguel difundiría el conocimiento por doquier.

Impulsado por la fe, Miguel organizó su primer viaje colectivo a Teotihuacán en mayo de 1988, sólo dos meses después de haberlo visitado con Gaya. A éste siguieron más de sesenta nuevos viajes, y todos ellos fortalecieron el proceso ceremonial que Miguel ha recreado de un modo instintivo a partir de su visión acerca del majestuoso propósito original de Teotihuacán.

El emplazamiento de Teotihuacán es un lugar amplio y misterioso, que ha sido objeto de investigación y especulaciones durante muchos años. Se encuentra en el Altiplano Central de México, a 55 kilómetros al noroeste de la ciudad de

México. Sus pirámides y templos están dispuestos a lo largo de un amplio paseo central, perfectamente recto, llamado Calzada de los Muertos.

Los arqueólogos coinciden al hablar de diversas oleadas de penetración y ocupación de Teotihuacán, un período que abarca desde aproximadamente el año 1500 a.C. hasta el 750 d.C., momento en que la ciudad fue abandonada por causas que aún se desconocen. Entre los años 200 y 600 d.C., durante las fases Tzacualli, Tlamimilolpa, Xolalpan y Metepec, definidas en la historia del arte mexicano como el período clásico, Teotihuacán fue la ciudad más influyente de Mesoamérica. Sus únicos moradores eran los sacerdotes y los guerreros espirituales, sin distinción de sexo. En pueblos y asentamientos cercanos, pero fuera de los límites del recinto ceremonial habitaban numerosas personas. Los siete pueblecitos que hay en la actualidad en los alrededores de la zona arqueológica son fiel recuerdo del próspero centro urbano que fue. Hoy en día es conocido por sus pirámides, templos, murales, cerámicas y algunas esculturas en piedra de relevancia religiosa.

Ignacio Bernal, en *Great Sculpture in Ancient Mexico* («La excelsa escultura del antiguo México»), explica: «Son pocas las civilizaciones en las que la religión haya influido tanto en el arte como ocurrió en el antiguo México. Aunque la religión es siempre importante como fuente de inspiración estética, en este caso tuvo un efecto extraordinariamente estimulante en la imaginación colectiva, de modo que proporcionó innumerables significados esotéricos que no sólo fueron trasladados al arte sino también plasmados en los objetos más comunes de la vida cotidiana, lo que transformó el mundo real a través de conexiones simbólicas que no tenían equivalencia en la realidad.»

Bernal dirigió la restauración de Teotihuacán entre 1962 y 1964, y fue director del Museo Nacional de Antropología de la ciudad de México durante casi treinta años. Habla¹ de Teotihuacán como de «la ciudad clásica por excelencia, y posiblemente la capital más grande de la antigua América», y afirma que Teotihuacán «conserva cierto aire de severidad» y que estaba «profundamente arraigada en aquel ambiente de seguridad imperial su preocupación por la planificación rigurosa…».

La arqueología centra sus estudios, especialmente, en la reconstrucción de los diferentes estratos de civilizaciones en un emplazamiento concreto, a través de las variaciones de estilo de los objetos que en ellos se encuentran. Los arqueólogos buscan explicaciones acerca de por qué y cuándo un pueblo determinado se desplazó a un lugar, y cómo vivía. Extraen conclusiones de las creencias y las costumbres de los sucesivos habitantes a partir de los diversos restos que hallan en la zona.

Si visitamos Teotihuacán, posiblemente los objetos allí encontrados despertarán nuestro interés, pero es mucho más probable aún que sintamos curiosidad por el significado del lugar. El autor Zecharia Sitchin, objeto de controversia, pero siempre fascinante, cree que el lugar sagrado de Teotihuacán puede ser obra de «dioses» que visitaron la Tierra procedentes del espacio. Ha teorizado que, en su primer momento, aterrizaron en Oriente Medio. Más adelante, dirigieron a los olmecas, que tenían características africanas, y a otra raza de Oriente Medio con barba y perfil semítico, en la construcción de Teotihuacán. Luego, aquellas primeras estructuras serían ampliadas y embellecidas por otros grupos, cuyas intenciones diferían de las de los olmecas.

En su serie de libros titulada *Crónica de la Tierra*, Sitchin sostiene que unos exploradores del planeta Niburu llegaron a nuestro planeta buscando oro y que crearon a los primeros seres humanos a partir de sus propios genes, cruzándolos con los de protohumanos primitivos. Los híbridos, que en inicio fueron concebidos para servir como esclavos en las minas auríferas, reverenciaban a los «dioses» que los habían creado, pero, con el tiempo, desarrollaron la inteligencia para desafiar a sus creadores. Su fertilidad condujo a la población del planeta a una forma más avanzada de humanidad. Nuestro ciclo actual de historia evolutiva se iniciaría con ellos.

En la teoría de Sitchin, los dioses construyeron originariamente Teotihuacán como una refinería de oro de kilómetro y medio de longitud. Por un recorrido en desnivel de 30 metros se dirigía el agua y el mineral en bruto hacia el sur, a través de un intrincado sistema de canales cuyo objetivo era extraer el oro. El oro no se usaba en Teotihuacán, sino que se embarcaba de vuelta a Niburu a través de un sistema de suministro intersolar.

Por fascinante que pueda resultar esta exótica especulación, existe otra interpretación de Teotihuacán. Se trata de la que Miguel Ángel Ruiz ha sintetizado a partir de su herencia tolteca, sus repetidas visitas a Teotihuacán y sus visiones mientras estaba en trance.

Infierno en la Tierra

El concepto de que la vida terrenal es un infierno es fundamental en las enseñanzas de Miguel. El infierno es el sueño combinado que comparten todos los seres humanos. Tanto los sueños individuales como los colectivos son en realidad pesadillas. Todos los individuos tienen un sueño de la realidad y, del mismo modo, lo tiene cada familia, cada comunidad, ciudad, estado, o nación y la humanidad al completo. Todos contribuimos a este sueño, cuya característica principal es el miedo.

La curación total supondría despertar del sueño y liberarse, así, del infierno. Teotihuacán fue proyectado con este objeto, para liberar a los seres humanos de sus temores. Tal liberación refuerza la creencia en la naturaleza divina de los seres humanos. Son dioses. Ése es el origen de la palabra Teotihuacán, que significa, literalmente, «el lugar donde los hombres devienen dioses».

A través de las visiones, Miguel sabe que el pueblo que se estableció primero en el valle de Teotihuacán procedía del Lugar de los Cisnes, o Aztlán, situado en algún punto del norte de Estados Unidos o puede que de Canadá. Este pueblo lo constituían indígenas del hemisferio occidental; no eran nómadas de Asia ni provenían de África.

Cuando los aztlanes llegaron al valle, encontraron varias cuevas en las que crearon un sistema de túneles interconectados. Una de las cuevas, conocida como «el centro del universo», se convirtió en un santuario ceremonial dedicado a la madre Tierra. La cueva, en forma de flor de cuatro pétalos, ha sido localizada recientemente bajo la pirámide del Sol, que fue construida intencionadamente sobre ella. El autor John B. Carlson (en «Rise and Fall of the City of the Gods» «Auge y caída de la ciudad de los dioses», en *Archaeology*, noviembre-diciembre 1993, pp. 58 y 59) asegura que era un conducto de lava solidificada de cuatro cámaras. Miguel siente que, tiempo atrás, en la cueva, había un lago alimentado por un río.

En esta cueva, un hombre que personificaba a Espejo Ahumado soñó que se lo tragaba una serpiente bicéfala. Espejo Ahumado soñó que estaba siendo digerido en el cuerpo de la serpiente hasta que lo único que quedaba de él era su esencia... un haz de luz y amor. A partir de ese sueño original, concibió el trazado general de Teotihuacán como una manifestación de la serpiente.

Al sintonizar con el plano de Espejo Ahumado, el peregrino que ha sido debidamente instruido puede ser conducido por este emplazamiento hacia su propia divinidad y, así, liberarse para siempre del temor. El objetivo original de Teotihuacán era cambiar el sueño de todos aquellos que superaban una iniciación a la libertad a través del proceso ceremonial.

Cuando Miguel entró en la conciencia avanzada de Espejo Ahumado a través de su sueño, adquirió el poder de interpretar Teotihuacán y revitalizar el paso espiritual ceremonial que los primeros sacerdotes realizaban allí antaño. La intención de Miguel es la misma que la de Espejo Ahumado: compartir el conocimiento acerca de cómo un guerrero espiritual puede recorrer la Calzada de los Muertos desde el infierno hasta la libertad.

Espejo Ahumado vivió mucho antes de la decadencia de Teotihuacán. En el período final, hubo sacrificios humanos y se usaron alucinógenos para alcanzar estados más elevados de conciencia, pero en los primeros tiempos de pureza en los que Miguel se ha introducido con su visión, no se practicaba ninguno de estos ritos.

En su primera visita a Teotihuacán, afectado aún por las visiones superpuestas, Miguel se dirigió a la pirámide de la Luna, donde se manifiesta el espíritu de Espejo Ahumado. En la plaza de la Luna, sintió las energías de Espejo Ahumado y se identificó con ese lugar donde el alma sale finalmente de la segunda cabeza de la serpiente en un estado de transformación.

Las visiones que Miguel tuvo en 1988 marcaron el final de su primer ciclo de trabajo como curandero y profesor nagual y provocaron un nuevo nivel de síntesis en su comprensión chamanística. Había absorbido elementos de la tradición nagual de don Leonardo y había descubierto el amor incondicional gracias a Sarita, pero también había adquirido un conocimiento profundo de los antiguos sistemas de creencias mientras estaba en trance. Después, se había identificado por completo con el sueño de Espejo Ahumado. Aun así, la visión de Miguel es independiente de todas las que le han transmitido o que ha visualizado porque ha transformado cuanto ha recibido. La percepción del mundo que enseña es una forma de física mágica.

3

Conocimiento silencioso y elementos de la sabiduría tolteca

Alcanzar a aprehender la magnitud de los avanzados conocimientos científicos actuales exige un estudio profundo. Lo mismo ocurría en tiempos prehistóricos, cuando los líderes intelectuales transmitían su saber científico a alumnos seleccionados. Las enseñanzas de Miguel son una fusión de su intuición y su educación, e incluyen conocimientos de astronomía, física y biología. Su sabiduría se aplica a nivel chamanístico, una dimensión de la realidad distinta a la que estudia la mayoría de los científicos en sus laboratorios. Ofrece una explicación efectiva del mundo natural, en ese lugar donde los conceptos metafísicos confluyen con la materialidad.

Cuando se comprometen a recibir sus enseñanzas, los discípulos de Miguel entran en un camino en espiral. Les repite los mismos conceptos básicos una y otra vez, y, poco a poco, va incluyendo nuevo material. Con cada repetición, con palabras ligeramente diferentes, Miguel logra que asimilen sus ideas, mientras crea una nueva estructura para su visión del mundo.

Este libro sigue ese camino en espiral en el que las enseñanzas de Miguel van siendo ampliadas para abarcar ideas afines que se agrupan en torno a pensamientos centrales. El punto de origen de la espiral lo ocupa una idea clave, ancestral, conocida por los pueblos indígenas sabios de todo el mundo: «El universo está vivo y es un ser muy inteligente.» Miguel también enseña que el Sol es un ser vivo.

Cada planeta es un órgano del ser solar. Juntos, el Sol y todos los planetas forman un ser. Cada unidad, desde un electrón hasta una galaxia, es un ser individual unido a seres mayores. Nuestro universo es un ser formado por el sistema entero de seres más pequeños. Hay muchos universos y, todos unidos, constituyen un ser gigantesco.

En cualquiera de los átomos del cuerpo, el electrón es como un planeta. Al mirar al exterior desde su hogar, un ser vivo del tercer electrón vería el cuerpo humano como un conjunto de estrellas, tal cual la gente que mira el cosmos desde la Tierra ve estrellas. Y lo mismo sucede en todos los niveles. El macrocosmos se refleja en el microcosmos. Las mismas leyes físicas y químicas afectan al cuerpo humano y a los planetas.

En tanto que habitantes de nuestro sistema solar, reconocemos la primacía del Sol como nuestro centro. Aunque es una estrella menor en la galaxia, el Sol es para nosotros la principal. Proporciona la luz cuya energía sostiene la vida en la Tierra.

A lo largo de toda la cadena vital, los organismos se alimentan de luz. Los seres humanos absorben energía del oxígeno y a través de la ingesta de plantas y animales que, a su vez, han transformado luz en comida con anterioridad. El cerebro humano convierte esta energía material en energía etérea.

¿Cómo sucede? En el proceso de percepción, siem-

pre contamos con un elemento emocional. El cerebro crea la emoción, y la emoción es un estado de energía, por tanto ya no es materia: es una forma de energía.

La energía material es la detectable y demostrable mediante métodos científicos. La energía etérea no puede demostrarse dentro de los límites de la corriente dominante de la ciencia. No podemos demostrar que el odio o el amor existen, pero notamos su efecto. La energía emocional es energía etérea.

Durante cientos de años, los científicos postularon en Europa que la base de la materia en el espacio es una energía llamada éter. Miguel afirma que existe en realidad y que la teoría del éter vuelve a tomar consistencia en la conciencia de los científicos alejados de la corriente dominante.

En varios países se está financiando la construcción de los llamados Generadores de Energía Espacial, con motores que utilizan energía libre (éter). (Véase «Around the Free Energy World in Thirty Days» [«Alrededor del mundo de la energía libre en treinta días»], de Toby Grotz en *New Science News*, vol. III, n.º 2, p. 2.)

Los chamanes jamás pusieron en duda que el espacio que existe entre las estrellas, los planetas, las lunas, los asteroides, las galaxias y los universos (y también el interior de los átomos de nuestro cuerpo) contiene éter. El éter es el medio de transporte por el que se desplaza la información.

Alrededor del mundo existe un mito básico que contiene los siguientes elementos:

El padre Sol aporta luz y calor a la madre Tierra.

La madre Tierra crea la vida, el cuerpo humano y la mente.

Igual que el esperma hace que llegue al útero toda la información necesaria para crear un ser humano, la luz del Sol infiere a la Tierra la energía y la información necesarias para que la Tierra cree vida.

Este mito es honrado por pueblos indígenas de todo el mundo, y es el motivo de que el Sol simbolice con tanta frecuencia a Dios. Prueba de ello son Apolo y Ra. La madre Tierra es el útero.

El Sol recibe la información del centro de la galaxia. Además de él, la luz procede de otras estrellas. El universo se comunica consigo mismo a través de la luz, pues ésta, concentrada, es un nervio que recorre el universo. Así, por todo el universo se produce una corriente constante de información, en la que los datos se desplazan en haces de luz desde el Sol y otras estrellas. Los haces de luz son, por tanto, mensajeros, y un sinónimo de mensajero es «ángel». Un rayo de luz es, pues, un ángel, un ser de luz que transporta información al exterior desde el centro de nuestra galaxia, de estrella a estrella, del Sol a cada planeta.

Nuestros cuerpos, en apariencia sólidos, han sido creados a partir de luz solar condensada, lo que nos convierte en recipientes de luz, igual que los ángeles. Nuestra verdadera identidad es angelical, o rebosante de luz. Somos seres repletos de la información que llega a la Tierra a través de la luz.

La fuente principal de toda comunicación se sitúa en el centro del universo. En nuestra región del cosmos, proviene del núcleo de la Vía Láctea, nuestra propia galaxia. Localmente, nuestra fuente primigenia es el Sol, pero existen muchos otros universos además del que nosotros habitamos.

La información que transporta la luz tiene como nombre «conocimiento silencioso». El secreto de esta sabiduría es el método codificado de renovación continua de la vida. El planeta Tierra descifra estos datos para preservar la vida que contiene la luz del Sol.

La Tierra es un órgano del cuerpo del ser solar y un sistema completo, o cuerpo vivo, en sí misma. Transforma la energía de la luz en vida terrestre perpetuamente renovada. En las células vivas, el conocimiento silencioso se almacena y se transmite en el ADN; así pues, nuestros cuerpos son almacenes de esta sabiduría.

La Tierra tiene su propio metabolismo y también tiene órganos. Los órganos de la Tierra procesan la energía del Sol y después la liberan para que retorne a él, como sucede con la inhalación y la exhalación al respirar. Entre los «órganos» de la Tierra se encuentra su atmósfera, que funciona como la piel del planeta, y también los mares, los bosques y el conjunto de los animales. La totalidad de los seres humanos forma un órgano de la Tierra. La función del órgano humano consiste en transformar la energía de material a etérea, y a la inversa, transformar la energía etérea en material.

Los pueblos indígenas reconocen, incluso ahora, que cada órgano de la Tierra es un dios. Así, existe un dios del mar, un dios del aire, o un dios que representa a todos los seres humanos. Existen dioses personales y dioses familiares, y un dios para cada nación. Hoy en día, en lugar de llamarlos dioses, hablamos de «el espíritu de la nación» para referirnos a cada uno de ellos, pero el concepto es el mismo.

Los dioses son creados en la mente de los seres humanos. ¿Qué quiere decir Dios? Dios significa una entidad superior a la humana. Pensar que hay un dios del aire, un dios del mar, y venerar esa energía divina,

protege a la Tierra. Es posible imaginar lo beneficioso que sería que la mayoría de los seres humanos honrara a cada uno de los órganos de la Tierra, incluido el conjunto de la humanidad. Además de a los dioses que representan los órganos de la Tierra, los seres humanos han venerado a otros dioses que llegaron de otros puntos del universo.

En la actualidad, nos encontramos en un punto crucial de la historia de la vida en la Tierra. Se está produciendo una programación celestial. Todas las antiguas tradiciones que permanecían ocultas se están revelando a la vez. Y la revelación de este conocimiento silencioso es una reacción a una señal de la inteligencia que ocupa el centro de nuestra galaxia, la Vía Láctea, a través del Sol.

Miguel afirma que entramos en el Sexto Sol el 11 de enero de 1992, tal como predecía el calendario azteca. Ese día, la energía del Sol cambió de pronto. Miguel se encontraba en Teotihuacán junto a un grupo de discípulos, a la espera del acontecimiento previsto. Vio cómo el color de la luz cambiaba. La vibración de nuestra luz solar se aceleró y ralentizó. Miguel canalizó la nueva luz y efectuó una ceremonia para recibir el nacimiento del Sexto Sol. Describe lo que ocurrió como un milagro. Sus compañeros observaron un cambio en él y sintieron que estaban en el centro ceremonial de templos, donde la nueva luz solar llegaba con una carga especial. El cambio en el ADN ha afectado a toda la vida del planeta y al propio planeta.

El ADN (el ácido desoxirribonucleico, la sustancia básica, que adopta la forma de una doble hélice, que se encuentra en el núcleo de todas las células asociadas a

la transmisión de información genética) es una vibración específica de la luz que procede del Sol y se convierte en materia. Todas las clases de vida del planeta Tierra, desde las piedras hasta los seres humanos, tienen una vibración específica de la luz que procede del Sol. Cada planta, animal, virus y bacteria tiene un rayo de luz específico. La madre Tierra lo condensa, y la información que contiene la luz se convierte en materia. Éste es el método por el cual el conocimiento silencioso se transmite de cada generación a otra de vida diferente. El ADN es específico para cada forma de vida. La ciencia todavía no ha diferenciado las sutiles distinciones de las formas del ADN.

Hemos llegado al principio de una nueva distribución. Podría suponer una relajación de las actitudes perniciosas que hemos estado albergando, pero existe la sensación implícita de que quizá no cambiemos lo suficientemente deprisa como para poder evitar las catástrofes naturales que ya han sido pronosticadas. Los cambios en el eje de la Tierra, en su clima y en su corteza son posibles porque el planeta está experimentando la nueva energía como una oportunidad para curarse.

Este cambio en la energía que llega a la Tierra lo han advertido algunos científicos. Ron Radhoff escribe: «En 1962, el año en que muchos afirman que entramos en la Era de Acuario, empezamos a situarnos bajo la influencia del Cinturón de Fotones que rodea las Pléyades. El año 2011 pasaremos por su centro [...] San Germán se refiere al Cinturón de Fotones como a la Nebulosa Dorada, un universo paralelo de vibraciones mucho más altas. Poco a poco está absorbiendo nuestro universo. A medida que avance, la fusión con este universo de vibración más elevada será el catalizador de cambios a gran escala» (*New Science News*, vol. III, n.º 2, p. 7).

Durante los años del Quinto Sol, la energía solar que llegaba tenía un fuerte efecto sobre los seres humanos y, a través de nosotros, sobre la Tierra. La finalidad del cambio actual en la energía es alterar el sueño que la humanidad está proyectando sobre sí misma y sobre la Tierra. Pasaremos de la pesadilla del infierno al sueño del cielo en la Tierra. El cielo es un lugar sin temor.

Elementos de la sabiduría tolteca

La tradición tolteca forma una cadena, y se transmite siempre de padres a hijos. Miguel aprendió de su abuelo, Leonardo Macias, y éste a su vez de su padre. Miguel puede seguir el rastro de su familia hasta principios del siglo XVIII, pero desconoce el origen de la cadena.

«Procedo de los toltecas, un pueblo de hace miles de años que aún pervive. Tolteca significa "hombres conocedores"... eso es lo que somos todos nosotros», explica.

La tradición tolteca es una forma de vivir, no sólo un camino de conocimiento. El objetivo de este camino es la felicidad. Para lograrla, tenemos que expresar quiénes somos en realidad, no quiénes esperan que seamos los demás. Mediante un proceso de introspección, podemos llegar a la persona que fuimos antes de nuestra culturización. Podemos entonces recuperar la libertad para usar la mente, el cuerpo y el cerebro, y así lograr manifestarnos fuera del sueño que es la vida. Con el propósito de alcanzar esa libertad, los toltecas desarrollaron tres maestrías.

I. **Maestría del conocimiento.** A través de ella, los seres humanos toman conciencia de estar soñando continuamente, día y noche. Estamos creando el sueño del infierno y el modo de salir de esa pesadilla consiste en averiguar dónde estamos, qué somos y qué clase de libertad buscamos.

II. **Maestría de la transformación**. Llamada también maestría del acecho. Mediante esta maestría se adquiere control sobre las propias emociones.

Una vez que tomamos conciencia de que en nuestra mente somos esclavos del Juez y de la Víctima que dictan nuestras emociones, podemos, mediante la maestría de la transformación, desafiar todo nuestro sistema de creencias. Nuestro objetivo es rescatar a aquel que somos en realidad, ser nosotros mismos y permitir a nuestro espíritu expresarse en el sueño exterior. El maestro de la transformación elige sus acciones y reacciones en todo lo que hace, de modo que se convierte en maestro de la libertad, maestro de la rendición y maestro del amor.

III. **Maestría del intento (o propósito)**. Es la maestría del espíritu y la voluntad. El maestro del intento se convierte en una unidad con Dios. Dios obra a través de la boca, la mente y las manos del maestro. En este estado, en cada acción que el maestro lleva a cabo está Dios.

El objetivo de los toltecas es lograr la comunión con el Creador, el espíritu. Desean regresar a casa. En sus enseñanzas cuentan que procedemos del Creador y regresaremos a Él. Miguel llama Padre al Creador, y se refiere a Él en masculino.

Eknath Easwaran, en su libro *Meditación: ocho puntos para transformar la vida*, explica su uso de la palabra Señor de un modo afín al de Miguel: «Cuando utilizo palabras como "Señor" o "Dios", me refiero al fundamento mismo de la existencia, la cosa más profunda que podemos concebir. Esta realidad suprema no es algo exterior a nosotros, independiente. Está en el interior, en el centro de nuestro ser; es nuestra verdadera naturaleza, más cercana a nosotros que nuestro cuerpo, más preciada que nuestra vida.»

La tradición tolteca es un mapa que nos indica cómo ir a casa; por tanto, para orientarnos en él, tenemos que partir del lugar en el que estamos. La primera tarea es tomar conciencia de quiénes somos en realidad, y eso es un misterio.

Para explicar lo que eres, podrías limitarte a decir tu nombre. O también podrías decir: «Nací y voy a morir.» Eres una persona, un hombre o una mujer. Eres médico, abogado, profesor, o cualquier otro profesional. Eres tu cuerpo. Crees que eres lo que sientes. Pero ¿es todo eso cierto? ¿Eso es lo que eres en realidad?

Nos hacemos preguntas eternas. ¿Qué es Dios? ¿Qué es el universo? ¿Qué es la muerte? ¿Qué es el planeta Tierra? ¿Qué es la materia? ¿Qué es la luz? La ciencia intenta dar respuesta a preguntas materiales. Tenemos acceso a una cantidad sorprendente de conocimientos, pero tras ellos reina el misterio. ¿Qué hay tras los electrones? ¿Qué hay tras las galaxias? ¿Qué hay tras el espíritu? ¿Existimos antes de nacer? ¿Qué ocurre cuando morimos? Decimos «soy», pero ¿qué significa eso en realidad?

Como médico, podría decir: «Soy un cuerpo humano, una máquina biológica perfecta con un cerebro maravilloso que está formado por miles de millones de esos minúsculos computadores que son las neuronas. Está formado por esos seres vivos diminutos que son las células, que forman órganos y músculos. Soy esa complejidad que es una persona.»

¿Qué lo hace posible? ¿Qué es el cerebro humano y cómo funciona? Hemos intentado explicarlo tanto a través del microscopio como de la electrónica. Hemos obtenido resultados asombrosos en nuestros experimentos y, aun así, no sabemos qué es el cerebro.

Vamos a morir, pero ahora estamos vivos. ¿Qué es la vida? Es inútil que razonemos para comprender algo que escapa a la inteligencia humana. Nuestra capacidad de raciocinio nos indica qué es verdad y qué no lo es. La razón decide: esto es lo que soy y esto lo que no soy. Sin embargo, estas elecciones son simples acotaciones, no posibilidades.

Si digo que soy feliz, puedes entenderme porque posees una idea de la felicidad. Cuando siento dolor, ya sea físico o emocional, tengo que usar palabras y conceptos para describirlo, aunque no lo expliquen. La cólera y la envidia sólo son conceptos. La verdad es que somos un gran misterio.

Como tengo la maestría de la transformación, soy consciente de que todo, incluido yo mismo, es energía en movimiento.

Miguel se remite a un objeto que nos parece sólido y, sin embargo, podemos demostrar científicamente que está formado por átomos. Los átomos están en movimiento constante. Aunque el objeto aparenta ser sólido, en realidad es energía en movimiento. El espacio entre los átomos es mayor que la masa de éstos en sí. Percibimos las cosas como estables, pero todo está en constante movimiento.

Lo que vemos no es más que la luz que se refleja en los objetos. Ella proporciona a las cosas una forma aparente. Hemos acordado aceptar nuestra percepción

visual de la realidad como la verdad, pero esta verdad se deriva de un acuerdo o consenso en el que somos una parte. La percepción es un milagro que evidencia nuestro poder para crear la realidad exterior. Percibimos el mundo natural, pero en realidad tiene su origen en nuestra mente y cerebro.

Hemos creado el lenguaje, y lo utilizamos para dar nombre a todos los animales y plantas, y demás componentes de este universo. Nombrar las cosas parece autentificar el mundo de ilusión. La realidad que hemos creado nos da una falsa sensación de seguridad.

Advertimos que tenemos los pies en el suelo, vemos el cielo, sentimos el viento y la lluvia, y nos resulta conocido. Pero todo es un sueño concebido por la mente; un sueño con materia y estructura, porque así lo creamos con nuestra propia magia. Todos nosotros somos magos.

Puesto que tenemos el poder de inventar esta realidad, estamos relacionados con todo cuanto en ella hay. Pero lo que veo con mis ojos y oigo con mis oídos es sólo verdad en esta realidad, porque a poco que modifique mi punto de vista, será falso.

Todos estamos viajando juntos en la cosmonave del planeta Tierra. Nos desplazamos por el espacio con gran rapidez, aunque como todos vamos a idéntica velocidad, no advertimos que nada se mueva. Si pudiésemos detenernos por un momento, mientras el resto del mundo sigue su curso, veríamos una realidad distinta.

Cuando varía nuestro punto de vista, constatamos que nuestro cuerpo es materia, la cual es, a su vez, energía que nos posibilita el movimiento. A nuestro alrededor hay otro tipo de energía, la mente. La men-

te es energía, pero no materia. Pensamos. Sentimos. Soñamos. Pero no podemos llevar un sueño al laboratorio y demostrar que existe. No podemos llevar el amor al laboratorio y afirmar: «Esto es el amor.» Resulta imposible demostrar que emociones como el amor existen, pero sabemos que es así, porque las experimentamos. El amor no es materia, pero es energía. Y es energía porque existe. Todo lo que existe es energía. La energía no puede destruirse. Sólo puede transformarse. No tiene principio ni fin.

Es algo que nos resulta familiar. Cuando vamos a la iglesia, oímos estas palabras haciendo alusión a Dios. Dios y la energía son exactamente lo mismo. Todo está creado por energía y todo está creado por Dios. Hay miles de millones de manifestaciones de energía. Hay miles de millones de manifestaciones de Dios, porque todo es Dios.

La mente es energía que no es materia: es energía etérea. Toda la energía está viva, de modo que la mente está viva. No sólo está vivo el cuerpo, sino también la mente y somos la mente además del cuerpo. En el concepto «soy» mezclamos la energía material y la energía etérea.

Al mismo tiempo que hablamos, nuestra mente está pensando activamente. Está soñando. Nuestros ojos perciben la luz, pero la mente la interpreta y crea esta realidad. Es posible llegar a un punto en el cual la separación de mente y cuerpo se desvanece, y la propia realidad cambia por completo.

La individualidad es un concepto falso. No somos individuos. Sólo somos un pequeño eslabón de la cadena que es la vida. Nuestro cuerpo humano está formado por miles de millones de células. Cada célula es

un ser vivo que puede existir fuera de nuestro cuerpo e, incluso, puede reproducirse fuera de él. Nosotros somos esa célula también. La célula en sí posee muchos elementos internos, y cada uno de ellos está vivo. Forma parte de una cadena y, miles de millones de ellas, conforman un cuerpo humano. Podemos decir: «Soy el cuerpo.» Mientras que cada célula podría decir: «Soy una célula.» Pero ella no es consciente de que muchas células juntas forman un órgano. El hígado, el corazón, los intestinos, el cerebro, los ojos: todos los órganos juntos forman un cuerpo humano, que es una unidad.

Cada uno de nosotros es un ser humano. Aun así, lo mismo que una célula, pensamos que somos independientes, y no es cierto. Todos los seres humanos del planeta formamos otro órgano de un ser vivo mayor, que es la Tierra. Nuestro planeta es un ser vivo y nosotros somos el planeta. Una sola célula es humana. Una sola persona es el planeta. Todos los seres humanos forman sólo uno de los órganos de la Tierra, porque hay muchos más: los árboles, la atmósfera, el mar, las piedras y los animales, entre otros.

La Tierra tiene energía etérea, igual que los seres humanos. Tiene alma. Tiene mente. Está viva. Es un ser vivo. Posee un metabolismo, a través del cual recibe energía exterior, la transforma y emite luego su propia forma de energía.

Los planetas reciben energía del Sol y la reconvierten. En la Tierra, los animales se alimentan de plantas y transforman la energía que reciben. Los seres humanos comen plantas y animales, y a su vez modifican la energía que reciben de ellos.

¿Cuál es la función del órgano que constituye la

humanidad en el cuerpo de la Tierra? Transformar la energía material en energía etérea. Recibimos alimento y oxígeno, y con nuestro cerebro convertimos la energía de la materia en energía etérea.

Trabajamos para la Tierra las veinticuatro horas del día, igual que las abejas y las hormigas, y nuestra función principal es generar emociones con nuestra mente.

Soñamos cuando estamos despiertos y también cuando dormimos. Cuando una persona duerme y sueña, el sueño genera emociones. Cuando está despierta y sueña, el sueño tiene una estructura. A pesar de que estamos soñando, interpretamos todo lo que experimentamos. Para ello, incitamos a nuestro cerebro a generar emociones. Ésa es nuestra función.

El planeta Tierra es un elemento en una cadena. Todo el universo está vivo, es un ser vivo. Y este planeta es sólo una mínima parte de él.

Ya hemos ampliado un poco quiénes somos: somos el cuerpo; somos la mente; somos también el planeta Tierra. En la gran cadena que es el universo existe información, la misma que está en la Tierra. De igual modo, toda la información de un cuerpo humano está en una célula del cuerpo.

Una célula posee toda la información precisa y todo el poder para crear su propio universo en forma de otro ser humano. Un ser humano tiene todo el poder y toda la información necesarios para crear otro planeta. Ese acto de creación no parte de la razón: procede del interior, y depende del conocimiento silencioso.

La célula es tan poderosa como el cuerpo humano, y el cuerpo humano es tan poderoso como la Tie-

rra, y la Tierra es tan poderosa como el universo entero.

En cada eslabón de esta cadena, es fundamental cambiar el punto de vista de uno para percibir el análogo. Del microcosmos al macrocosmos, está en funcionamiento un sistema. Todo es un misterio. Si nos situamos fuera de nuestro punto de vista, podremos ver la complejidad del ser humano y percibir su relación con el misterio total del universo. Dondequiera que vamos, estamos ahí esperándonos.

Cada ser humano es comparable a una célula en un músculo. Somos las mismas células intercambiables. Si yo soy tú y tú eres yo, no tengo motivo para lastimarte. Si tú eres yo, ¿por qué tienes que lastimarme? Si yo soy mi planeta, ¿por qué habría de destruirlo? ¿Por qué no comprendo al planeta? ¿Por qué no te comprendo?

Podemos reconocernos por nuestro nombre, nuestra personalidad, o nuestra particularidad, pero cuando modificamos nuestro punto de vista, el concepto de individualidad se muestra excesivamente limitado. No somos individuos: somos una unidad, que, en última instancia, está integrada por todos los universos juntos. Ése es el gran misterio. Eso es Dios.

Dios es sólo un concepto. Es un título, como abogado o médico. El concepto de Dios es demasiado simple para acercarnos a su verdadera realidad, pero es una explicación válida para nuestra razón. Carecemos de palabras adecuadas para explicar a Dios, pero la propia palabra sí nos resulta comprensible. En realidad, Dios es vida. La vida es acción. Y nosotros somos Dios y Dios es nosotros.

Como parte del órgano humano del planeta, esta-

mos conectados con todas las demás. Lo que le ocurre al planeta, afecta a todos los que componen el órgano humano, y viceversa, lo que afecta a una sola persona del órgano humano, afecta a todo el planeta. Al igual que una célula tiene el poder de generar un ser humano, también nosotros, en nuestro interior más profundo, tenemos la capacidad de crear un universo entero.

Nuestra facultad para razonar es tan limitada que no alcanzamos a conocer la dimensión de nuestro poder. Pero tenemos el poder de cambiarlo todo Podemos transformar. Podemos construir o destruir. Nuestro poder es mayor que el de cualquier bomba atómica. Nuestro poder es nuestro intento, nuestro espíritu. Éste es nuestro conocimiento silencioso.

La razón desconoce lo que sabemos: es sólo una pequeña parte de la mente y no toma decisiones. Su función consiste en conectar dos sueños distintos, el sueño del planeta y el sueño individual.

La mente está formada por emociones. E igual que los números constituyen el código de las matemáticas, y las notas el código de la música, las emociones son el código de la mente. Del mismo modo que cada célula de nuestro cuerpo está viva y crea el cuerpo humano, cada emoción está viva y es un ser vivo, como lo es la mente. Ella es la conexión de todos los seres humanos. Y todas las mentes humanas juntas forman la mayor parte de la mente del planeta.

En la actualidad, el punto de vista científico más sólido considera, aún, la Tierra como un objeto. Cuando un volcán entra en erupción o cuando sopla un huracán, la ciencia ofrece una explicación técnica para el suceso. En la sabiduría tolteca, la Tierra ha resuelto em-

prender estas acciones. El planeta es un ser vivo que puede pensar y tomar decisiones por sí mismo.

Los antepasados toltecas así lo comprendieron, como también muchos pueblos indígenas de todo el mundo, aun en la actualidad. Si la tierra está reseca, danzan para atraer la lluvia. Tocan el tambor y cantan. Hacen una hoguera. La parte esencial de su ritual es conseguir que, con su intento, la madre Tierra les proporcione agua y la Tierra responde. No consideran que la relación existente entre su propósito y la reacción de la Tierra sea un misterio. Éste es un nivel de relación que no puede entenderse únicamente con la razón. El punto de vista indígena es el de un chamán. Para transformarse, los seres humanos necesitarán recobrar la perspectiva chamanística.

No podemos ver un electrón con nuestros ojos porque no están concebidos para ello. La visión humana está limitada en el tiempo y el espacio. Pero los parámetros temporales y especiales del electrón son totalmente distintos a los de nuestros ojos. Para ver un electrón, tendríamos que ser otro electrón en tiempo y espacio idénticos. Como estamos formados por electrones, podemos asimilar el concepto de electrón. Y como tenemos emociones, podemos entenderlas, aunque no las percibimos con los ojos. Esta clase de percepción se acerca más a la intuitiva y chamanística que al proceso analítico de nuestra razón. Estamos conectados con todo y nuestro intento incide en todo. Es una parte de nuestra mente distinta a la razón.

Un ser humano es al órgano de la humanidad de la Tierra lo que una neurona al cuerpo humano. Una neurona puede tomar una decisión que todo el cuer-

po acatará. Del mismo modo, un ser humano puede adoptar una determinación y los elementos le responderán. Los elementos obedecen al intento humano.

Para atraer la lluvia, debemos transformar nuestro punto de vista y convertirnos en una unidad con la lluvia y la atmósfera. Cuando estamos en armonía con su vibración, todo es posible. Podemos aplicar este mismo principio para identificarnos con un animal o con cualquier otro órgano del planeta, y extender este proceso de manera que abarque al universo entero, no sólo a la Tierra.

Cuando se comprende la relación del ser humano con el universo entero, resulta fácil constatar la certeza de la astrología. La astrología es una ciencia más que un instrumento de adivinación. Los antiguos toltecas sabían que el universo es un ser vivo que tiene metabolismo. La astrología era, así, un estudio del metabolismo del universo.

Los toltecas eran videntes que sabían predecir lo que le sucedería al planeta porque eran capaces de interpretar la calidad de la energía que el universo necesitaba de la Tierra.

Nosotros generamos energía emocional y ésta es la principal forma de energía que la Tierra transmite al Sol. Desde el Sol, se irradia energía emocional hacia el resto del universo. El Sol controla la Tierra y toma decisiones que la afectan.

El Sol nos manda luz. En la luz solar está toda la información que el Sol quiere enviar a la Tierra. La luz es energía. Toda la energía tiene memoria, de modo que toda la información puede almacenarse en la luz. La luz solar transporta información a todo el planeta y provoca en él reacciones. La Tierra contiene energía etérea, material y emocional. En respuesta a la información codificada en la luz solar, la Tierra le proporciona al Sol la energía que éste desea.

Teilhard de Chardin, el gran filósofo jesuita, bautizó con el nombre de «noosfera» la calidad de la mente y el pensamiento que rodea el planeta. La noosfera es el órgano mental que está formado por todas las mentes humanas juntas. Esta idea explica la simultaneidad de inventos y el modo en que una idea pasa con rapidez de una mente a otra y conduce a cambios del pensamiento humano.

Rupert Sheldrake es un bioquímico británico que propuso la teoría de la causación formativa, en la que cada sistema natural, desde los cristales hasta los seres humanos, comparten un campo mórfico. Las entidades individuales de cada campo heredan una memoria colectiva, que dirige sus hábitos de conducta y reproducción de acuerdo con su clase. En un campo específico, una «resonancia mórfica» opera a través del espacio y del tiempo. Cada campo es una unidad y todos los campos están en constante evolución, desde los átomos hasta las galaxias. A lo largo del tiempo, se han extinguido y han desaparecido sistemas.

Sheldrake escribe: «Según la hipótesis de la causación formativa, en cierto sentido estos campos todavía existen, aunque no pueden expresarse porque no hay nada en sintonía con ellos. Incluso los campos de los dinosaurios están potencialmente presentes aquí y ahora; pero no existen sistemas de sintonía adecuados, como huevos vivos de dinosaurio, que puedan captarlos mediante la resonancia mórfica.

»Si por alguna razón —por ejemplo una mutación genética o una tensión medioambiental inusual— cualquier sistema vivo entra en resonancia con los campos de un tipo ancestral o extinguido, esos campos podrían manifestarse de nuevo, y reaparecer de repente estructuras arcaicas.» *(Presencia del pasado; resonancia mórfica y hábitos de naturaleza.)*

La hipótesis de Sheldrake concuerda con las visiones toltecas de Miguel en varios sentidos. El mismo Miguel debe de ser un sistema vivo que está en resonancia con los antiguos toltecas, porque sus sueños han cobrado vida en él y está desarrollando un campo para otros que compartirán el sueño.

La explicación de Miguel sobre la relación entre el Sol, la Tierra y la vida humana es parecida a los conceptos de Sheldrake. Miguel se remite al Sol como centro de toda la información e inteligencia en el sistema solar. Aunque el Sol es también receptor de información de un sistema vivo aún mayor en el centro de la galaxia, para nosotros, que vivimos en la Tierra, el Sol es la fuente de nuestra evolución.

Miguel describe un río continuo de luz que viaja del Sol a la Tierra y contiene las vibraciones de cada individuo y de cada campo de vida en la Tierra. La luz del Sol es la causa de los efectos en el interior de un individuo, o en el interior de todo el campo de seres vivos que se relacionan. Para que se produzca un cambio evolutivo, el Sol emite una vibración alterada de la luz solar. El organismo receptor reacciona y transmite su respuesta de regreso al Sol, en una constante interacción de energías.

Un nagual como Miguel puede «ver» este río de luz. De este modo percibió el cambio de luz en enero de 1992 durante su visita a Teotihuacán.

En el momento del cambio de la luz, empezamos a metabolizar una calidad diferente de energía. Es difícil comprobarlo en un laboratorio porque, mediante la ciencia, no entendemos la luz como un ser vivo.

Nuestros ojos «comen» esta nueva luz en forma de

alimento, que ahora es de una calidad superior. Eso afectará a nuestras mentes, no a nuestros genes.

Es algo que nuestra limitada ciencia todavía no puede detectar, pero, con el tiempo, demostraremos que la luz es un ser biológico vivo con inteligencia propia, y el origen de la nuestra.

Cada ser humano tiene una frecuencia de luz, que siempre existe en el Sol. Esta frecuencia está permanentemente conectada a la Tierra como un río, que fluirá mientras el Sol y la Tierra existan. Si cambiamos nuestro punto de vista en relación al tiempo y al espacio, podremos ver ese río de luz como algo sólido, del mismo modo en que, en nuestro tiempo y espacio, percibimos una mano humana como algo sólido. Ya sabemos que, si adaptamos nuestro punto de vista a un tiempo y un espacio más reducidos y rápidos, dejamos de verla sólida. En lugar de eso, podemos ver todos los átomos, todos los electrones como un campo de energía que está en movimiento y no es sólido. El río de luz, como cualquier río, conserva su forma, pero nunca es el mismo.

Un rayo de luz tiene percepción y conciencia. Miles de millones de rayos de luz conectan el Sol con la Tierra. Los seres humanos provienen de ella y la «ingieren» en un proceso continuo de acción y reacción.

La información del interior del cuerpo modifica las células, en el cerebro y en otras partes. Un solo humano cambia el modo en que metaboliza la luz solar en reacción al Sol, y le remite su respuesta.

El Sol procesa el cambio.

El río de luz al completo posee una nueva calidad, que afecta al conjunto de los seres humanos, porque llega a todos ellos.

Este sistema de acción y reacción explica la eficacia de la oración. El intento de rezar de los seres humanos regresa al Sol en el río de luz.

El nagual es el ser humano que desarrolla una pequeña réplica del Sol en su voluntad. La llamamos Sol negro porque es una luz que el ojo humano no distingue.

El nagual percibe el río de luz que conecta con toda la vida del planeta. Es un río inmenso. El nagual puede ver en él, incluso todos los rayos individuales, uno por cada persona. Otros naguales han presenciado la línea de la conciencia, el rayo de luz, cuando los seres humanos modifican su propia conciencia.

La luz está ahora intensificando la creatividad, la imaginación y la inteligencia humanas.

Encontramos un parecido entre el proceso de cambio del conjunto de la humanidad (el órgano humano de la Tierra) y el proceso hormonal normal de una niña que se convierte en mujer. Existe todo un universo en el cuerpo de la niña, que incluye sus órganos, sangre, nervios, sistema digestivo, cerebro y todos los sistemas de comunicación que funcionan entre ellos.

El Sol y la Tierra forman parte de un sistema vivo. Podemos decir que cuando la Tierra está lo bastante madura le envía un mensaje al Sol. El Sol reacciona y transmite su mensaje para desencadenar un cambio evolutivo en la humanidad. El Sol actúa como el cerebro, del mismo modo que el cerebro de la mujer hace que en su cuerpo comience el cambio hormonal que la conducirá a la madurez.

Los seres humanos carecen de los medios para transcribir el código exacto en que la información

llega de las estrellas, pero algunas partes de la mente y del alma pueden entenderlo. Podemos canalizar esta información. La Tierra, como ser vivo, entiende con facilidad los mensajes que recibe.

La Tierra emite luz, pero no a una frecuencia que pueda ver el ojo humano. Como respuesta a la recepción de mensajes en la luz solar, la Tierra contesta con la transmisión de su propia luz. Esta luz puede ser luz etérea o emocional.

Hay muchos extraterrestres en la Tierra. La mayoría no son más que luz. Una vez que han llegado al planeta, pueden adoptar distintas formas. El modo más fácil de viajar por el espacio no es en una cosmonave, sino a través de la luz. Los toltecas solían hacerlo, como también los egipcios. Viajaban de un planeta a otro a través de la luz. Todos tenemos la capacidad de hacerlo. La maestría del conocimiento de los toltecas nos recuerda que gozamos de este poder.

Yo no estoy enseñando nada. Me limito a notificar a otros lo que ellos han recordado que saben. El conocimiento que tengo no es mío. Está en todos.

Alrededor del mundo, todas las culturas tienen el mismo conocimiento, como todos los seres humanos poseen la idéntica información en su interior. Puede expresarse con palabras diferentes, pero el conocimiento es exactamente el mismo. La maestría del conocimiento es tan extensa que exige dedicar tiempo y práctica para recordar el conocimiento silencioso que todos nosotros tenemos en nuestro interior. Es un aviso para que recordemos todo el conocimiento y seamos lo que en realidad somos, de modo que podamos usar nuestro poder interior. Aspiramos a convertirnos en una unidad con Dios.

En la segunda maestría de la transformación, aprendemos a ser el que está al acecho. Así es como recuperamos lo que somos. En esta maestría, aprendemos a purificar la mente, a detener el sufrimiento, a convertirnos en guerreros, a devenir maestros, a alcanzar la libertad, a ser una unidad con el amor.

La tercera maestría del intento es consecuencia de no ser ya cuerpo ni mente. Ya no somos el alma. Sólo somos amor, porque el amor lo incluye todo. Es el verdadero nombre de Dios. Está en todas partes y a todo se da forma.

El amor tiene miles de millones de expresiones, incluido el miedo. El miedo es un reflejo del amor, pero supone sólo una mínima parte de sus manifestaciones. El temor controlará la mente y ésta controlará el cerebro. Actuamos según nuestras percepciones, de modo que si sentimos temor, lo que percibimos se analizará con temor. Vemos en la mirada de una persona lo que ésta encierra en su mente. Percibimos el sueño exterior de acuerdo con nuestros ojos. Si miramos con los ojos de la tristeza, nos sentiremos tristes, tanto si llueve como si hace sol. Si miramos con los ojos del amor, veremos amor dondequiera que vayamos.

Los árboles están hechos de amor. Los animales están hechos de amor. El agua que bebemos, así como los ríos y los mares, están hechos de amor. Si percibimos amor, conectaremos con todo lo demás que de él está hecho. Podemos ser el águila, el viento, la lluvia o las nubes. Todo se convierte en una unidad. Reconoceremos que todo es perfecto tal cual es.

Nos dirigimos hacia el conocimiento silencioso a través de la conciencia. Nos adentramos en el infierno

y sufrimos para adquirir conciencia. Por eso decidimos adoptar una forma humana y tener una mente humana que sueña esta clase de sueño, la pesadilla que llamamos infierno.

Para escapar de él, precisamos la conciencia que adquirimos a través del intento y del espíritu. Nos volvemos divinos porque tenemos conciencia, no sólo porque poseamos conocimiento silencioso, pues por sí solo no basta. Debemos expresar nuestro conocimiento con actos.

Existen muchos modos de tomar conciencia. En la India se logra a través de la devoción y del esfuerzo. En el cristianismo, a través de la culpa, hasta que descubrimos que no tenemos motivo alguno para sentirnos culpables. La culpa es una emoción que nosotros mismos creamos para obligarnos a sufrir por algo que en realidad queremos hacer. Y resulta ridículo sufrir por algo que deseamos.

Mi camino se basa en el nagualismo, y en él todo el mundo tiene la posibilidad de adquirir conciencia, porque el nagualismo elude el juicio. El camino de la libertad en el nagualismo indica dejar de juzgar y no sentirse víctima. Este camino está abierto a todo el mundo: no es necesario ser especial para seguirlo. Incluso una persona adicta a las drogas o al alcohol tiene acceso a él. Unas veces es rápido y otras lento, pero es accesible a todos. Este mapa para salir del infierno, para transformarse de víctima en guerrero libre, no sitúa el objetivo final más allá de la muerte.

A través del nagualismo podemos traer el cielo a la Tierra. Podemos vivir en el cielo mientras nuestro cuerpo está vivo. Es posible hacerlo, porque yo lo hice. Y si yo soy capaz, todos lo somos. Jesús nos dijo lo mismo.

La información que es fundamental para escapar del sueño del planeta es vital también para la expansión de la ciencia. Cuando la ciencia acepte la noción de que la Tierra está viva, la teoría científica se ampliará y crecerá. Con la idea consiguiente de que el universo está vivo y todos nosotros estamos fundamentalmente conectados, la ciencia podrá reanudar su avance. Todas nuestras mentes formarán una unidad y este concepto transformará la psicología. Otras ideas básicas de los toltecas —como, por ejemplo, que la mente está hecha de emociones, que estamos soñando veinticuatro horas al día, que tenemos un Juez y una Víctima en nuestro interior como resultado de nuestra domesticación (ya que somos animales domesticados), que la mente está viva, que cualquier emoción es un ser vivo capaz de vivir dentro y fuera de nuestra mente, y que generamos emociones y las enviamos a los demás de modo telepático— son los ingredientes para una base filosófica mucho más amplia de la vida.

Un concepto tolteca sorprendente es que podemos transferir nuestra conciencia de nuestra razón a nuestra voluntad. Este cambio es el origen de nuestro poder potencial de transformar por completo el planeta y de convertirnos en Dios. Somos capaces de controlar la energía etérea, así como también nuestro propio sueño e, incluso, producir un efecto beneficioso en los sueños de cualquier otra persona. Cada uno de estos pensamientos puede tener consecuencias importantes en la mente de los seres humanos. A partir de la aceptación del conocimiento silencioso tolteca, el individuo tiene acceso a una forma de magia que es innata en el ser humano, pero que rara vez se presenta a través de los canales ortodoxos.

Ejercicio:

Graba el siguiente ejercicio con tu propia voz. Después, cierra los ojos y escúchalo. Utiliza la imaginación para soñar esta historia.

En este sueño me encuentro en un bosque precioso a mediodía. Estoy muy cómodo, rodeado de belleza. Veo cómo los rayos de Sol iluminan los árboles y las flores. Veo mariposas y oigo el sonido del río. Camino hacia ese río, donde un anciano está sentado bajo un gran árbol. Con su barba blanca y su mirada firme y a la vez tierna, el hombre emite un aura radiante de hermoso colorido. Me siento ante él y aguardo, hasta que advierte mi presencia y entonces me mira.

«¿Cómo hace para irradiar esos colores tan hermosos? ¿Puede enseñarme a hacerlo?», le pregunto.

Él me sonríe y responde:

«Tu petición me trae recuerdos, porque un día vi a mi propio maestro haciendo lo mismo y le hice la misma pregunta. A modo de respuesta, se abrió el pecho, metió la mano en él y se sacó el corazón. De su interior, tomó una llama radiante. Abrió mi pecho y puso esa llama en mi corazón. A partir de ese momento, todo cambió en mi interior, porque esa llama era amor incondicional. Sentí la llama de ese amor y se convirtió en un fuego apasionado.

»Compartí ese amor con todas las células de mi cuerpo y les di amor incondicional. Ese día me convertí en una unidad con mi propio cuerpo.

»Decidí amar mi mente. Amé todas las emociones, todos los pensamientos, todos los sentimientos y

todos los sueños. Ese fuego transformó mi mente por completo, y mi mente me devolvió ese amor con tal fuerza que el fuego se avivó todavía más y tuve necesidad de compartirlo en mayor medida.

»Decidí hacer partícipes de mi amor a todos los árboles, a todas las flores, a todas las briznas de hierba y a todas las plantas del bosque. Ellos reaccionaron a mi amor y me amaron a su vez, y nos convertimos en una unidad.

»Pero mi amor siguió creciendo cada vez más, de modo que también se hacía mayor mi urgencia por compartirlo. Así, deposité un poquito de mi amor en todas las piedras, en todas las partículas de la Tierra, en todos los metales de la Tierra, y ellos me amaron a su vez. Nos convertimos en una unidad.

»Mi amor aumentaba y yo opté por depositar un poquito de él en todos los animales que existen, en los pájaros, los gatos y los perros. Ellos me amaron a su vez y me protegieron. Nos convertimos en una unidad.

»Después, como mi amor continuaba creciendo, decidí amar el agua. Amé la lluvia, la nieve, los ríos, los lagos, los mares, y me convertí en una unidad con el agua.

»Más tarde, amé la atmósfera, la brisa, el huracán, el tornado, y nos convertimos en una unidad y me amaron a su vez.

»Mi amor no se acabó ahí. Aumentó todavía más y puse la vista en el cielo, donde vi el Sol, la Luna y las estrellas. Decidí darles un poquito de mi amor y ellos me amaron a su vez, y nos convertimos en una unidad.

»De nuevo mi amor creció, y decidí compartirlo con todos los seres humanos, con los ancianos, con to-

dos los hombres, las mujeres y los niños, y nos convertimos en una unidad.

»Ahora, dondequiera que vaya, estoy ahí esperándome a mí mismo.»

Entonces, el anciano se abrió el pecho con las manos y se sacó el corazón ante mis ojos. Tomó una llama de su corazón y, abriendo mi pecho y mi corazón, la colocó dentro de mí. Cuando desperté y abrí los ojos, sentí que la llama se había convertido en un fuego. Ahora comparto mi amor contigo.

En este momento, me abro el pecho y, ante tus ojos, me abro el corazón. Tomo una llamita, tu pecho y tu corazón y la pongo en él. Esa llama de mi amor es la llama de Cristo.

Y éste es el sueño.

4

El sueño del infierno

El infierno es un concepto que se encuentra en más de una religión. El infierno se describe como un lugar de sufrimiento, temor, violencia e injusticia, donde todo el mundo infringe castigos a los demás. El infierno es un estado mental humano: no está en el cuerpo ni en el alma. Los demás animales no poseen un infierno propio, aunque pueden ser víctimas del infierno humano. Es el modo en que nosotros soñamos nuestra vida.

Empecemos nuestro estudio sobre «cómo abandonar el infierno» con una oración.

Concéntrate en tu corazón. Ponte las manos en el corazón y siente sus latidos. Es el motor de tu cuerpo. El corazón es una máquina biológica maravillosa que está a tu servicio. Es un regalo que te hace el Ángel de la Muerte, que te hace el Ángel de la Vida.

Utilizas el cuerpo para expresar lo que eres. Cuando sientes y percibes el mundo que te rodea, toda la energía se convierte en una unidad con el universo de tu interior. Siente esa vida.

Sin ti, tu cuerpo no es nada. Sin ti, tu cuerpo pue-

de sufrir un colapso en cualquier momento. Lo mismo ocurre con tu mente. Sin ti, tu mente no puede soñar ni pensar. Sin ti, tu mente no tiene memoria. Tú eres la fuerza que hace posible que tu cuerpo tenga vida.

Tu alma, mente y cuerpo son regalos que has recibido. Sin ti, tu cuerpo muere. Tu mente se desmorona. Tu alma desaparece. Toda la vida se convierte en una unidad y es la misma.

Te pedimos, Señor, que te manifiestes en nosotros para que podamos percibir lo que somos en realidad. Te pedimos, Señor, que nos concedas la oportunidad de experimentar lo que en verdad somos. Permite que sea para todos como es para mí. Sé lo que soy en realidad. Cada uno de nosotros es en realidad una manifestación del amor. Yo soy tú y tú eres yo. Gracias, Señor. Amén.

Repasemos ahora algunos conceptos básicos que nos dan una mejor idea de lo que significa salir del infierno. Me gusta observarlo desde fuera del sueño.

La mente humana es un ser vivo, pero diferente al cuerpo. Ambos son una máquina biológica, pero, mientras el cuerpo está hecho de energía material, la mente lo está de energía etérea. Etérea es la energía que experimentamos, aunque no podamos demostrar su existencia. En cambio, sí podemos corroborar la realidad del cuerpo. Pero sabemos que tenemos una mente, emociones, razón e intelecto porque los percibimos. Les hemos dado nombre.

La mente la conforman nuestras emociones. Todo lo que la mente percibe tiene un componente emocional. Cuando la luz de frecuencias cambiantes incide en los objetos materiales, se refleja en nuestros ojos. El

cerebro traduce esas imágenes luminosas de energía material en materia, y percibimos como realidad lo que es producto de la mente. De hecho, esta realidad es un sueño. Soñamos veinticuatro horas al día, tanto si nuestro cerebro está despierto como si está dormido.

El cerebro puede cambiar la energía en ambas direcciones. Tiene la capacidad de transformar la energía material en energía etérea. Generamos ideas, que son energía etérea. Cuando el cerebro convierte las ideas en palabras y escritura, materializamos algo que está en nuestra mente. Ella crea la imaginación y ésta, a su vez, los sueños. Nuestra forma de soñar nos conduce al sufrimiento y al dolor emocional.

El sacerdote dice a sus feligreses: «Si no seguís los preceptos de la Iglesia, iréis al infierno.» Pues bien, debo darle una mala noticia: ya estamos en él. Sufrimos a causa de nuestra interacción con otros seres humanos, que nos conduce a estar juzgando y luchando por comprender permanentemente. Debido a la falta de comunicación que crea el caos entre la gente, la interpretación que hacemos de la interacción humana nos conduce al sueño del infierno.

La mayoría de las relaciones se ven deterioradas por la necesidad que tenemos de controlarnos los unos a los otros. Cuando establecemos nuestras relaciones, podemos escoger entre miles de seres humanos. Si queremos amar a alguien, debemos elegir a la persona adecuada. Necesitamos una pareja que nos acepte tal como somos, porque así seguiremos siendo. Si queremos cambiar a otra persona sin hacerlo nosotros, será mejor que busquemos otra, o de lo contrario crearemos nuestro propio infierno. Si aceptamos un trabajo y nos negamos a formarnos para desempeñar-

lo, tendremos un problema. El temor está por todas partes debido a situaciones como éstas.

Cada uno de nosotros tiene un sueño privado. Además, nuestra familia comparte un sueño con sus propios objetivos, normas y conflictos. Cada grupo tiene un sueño compartido, que pasa por el individuo, la nación y el planeta. El sueño de toda la humanidad es el sueño de la mente de nuestro planeta. Pero el sueño de la Tierra varía de un lugar a otro: cada área tiene sus propias normas, basadas en los sueños individuales que forman parte del sueño total. Así, podemos ver que más allá de nuestro sueño privado está el sueño colectivo de todos los seres humanos, que compartimos. Nuestra desesperación radica en el hecho de que no sabemos que estamos soñando. Ésta es la razón por la que vivimos en la pesadilla del infierno.

Los temores de una mente humana crecen cuando se proyectan al exterior. Nuestra comunidad es una sociedad del temor, la injusticia y el castigo. Nuestros adolescentes se matan entre sí; el crimen y el odio están presentes en todo el mundo. Incluso nuestras diversiones están salpicadas de violencia.

El infierno es una enfermedad de la mente humana. El mundo entero es un hospital.

El cielo es exactamente lo contrario al infierno. Es un lugar de alegría, amor, paz, comunicación y comprensión, donde no hay Juez ni Víctima. Allí todo es preciso. Sabes qué eres. Ya no te acusas a ti mismo, ni tampoco a los demás.

Miguel recuerda a sus discípulos que todos los seres humanos sueñan juntos. Un sueño es un ser vivo. Nosotros creamos el sueño y él crea nuestra vida. Cada cultura es el sueño común de muchos individuos. Todas las personas, las familias, las ciudades, las sociedades y el mundo entero tienen sueños.

Nuestros dioses están creados en nuestros sueños. Cada dios tiene un inicio, un centro y un final. Acumula poder a medida que crece. Conquista y se eleva hasta lo más alto. Después, la gente empieza a buscar justicia. Cuando no la encuentra, su dios decae. En la actualidad, somos testigos de la decadencia de nuestros dioses y del estado de injusticia que nuestras creencias han generado.

A lo largo de los dos mil años de la Era de Piscis, que ya toca a su fin, nuestro sueño y nuestros dioses no han estado en armonía. Todos los seres humanos tenemos sueños que, juntos, forman la pesadilla del infierno a la que llamamos realidad. Basta con mirar las noticias para ver en la guerra, la violencia, el crimen y la desconfianza la pesadilla de nuestro sueño colectivo.

Uno de los sueños que más personas comparten es el de Jesús, pero nuestro sueño de él se aleja del que este espíritu radiante quiso traer al mundo. Él quería reformar el sueño de su gente con su mensaje de amor y compasión. Quería traer el cielo a la Tierra. Los judíos de su tiempo utilizaban los templos como mercados y sacrificaban animales en ellos. Jesús les dijo que su Dios no pedía sangre. Y echó a los mercaderes del lugar sagrado. Tanto con sus acciones como con sus palabras hacía peligrar la hegemonía de las autoridades judías y romanas, que defendieron sus posiciones conspirando en su contra. Como consecuencia de ello, Jesús no pudo cumplir su misión de cambiar el sueño del planeta, pero llevó a cabo la función que tenía asignada e influyó en la evolución de la especie humana.

Una parte del mensaje de Jesús se conservó en su forma original. A través de los siglos, la energía de Cristo ha beneficiado a generaciones de fieles, cuyos ideales, en cierta medida, han cambiado el sueño del planeta. Sin embargo, el sueño de amor de Jesús fue objeto de explotación y corrupción por parte de algunos de sus adeptos, que sólo buscaban poder, como Carlomagno, que «se convirtió» al cristianismo para unir su influencia a la del Imperio Romano.

Miguel afirma que el nombre de Jesús fue demonizado. A medida que Europa era conquistada, tanto éste como el mensaje cristiano fueron indebidamente empleados por una cuestión de poder. Pero su verdadero mensaje avanzó en forma de rayos de luz que penetraron en lugares sagrados de todo el mundo, mientras la sabiduría ancestral de los pueblos indígenas era sepultada. Los dirigentes del mundo destruyeron la seguridad espiritual del pueblo que gobernaban. Entre las ideas destructivas que inculcaron figuran el pecado original, la separación de los seres humanos entre sí, de la naturaleza y de Dios, y el miedo al castigo eterno del infierno. Los poderes religiosos, económicos y políticos institucionalizados han sometido a la gente. Las Cruzadas y la Inquisición fueron instrumentos de expansión y control para mantener las estructuras de poder seglares y religiosas. Y tanto la conquista como la conversión religiosa coaccionada fueron medios de dominación. Además, los sufrimientos propagados en nombre de Jesús se convirtieron en la pesadilla del hemisferio occidental, y aún lo continúa siendo a pesar de estar debilitada.

Allí donde Jesús no está demonizado, otros diablos ocupan su lugar. La pesadilla es el sueño de casi todos los habitantes de la Tierra. Mahoma está demonizado por los musulmanes, quienes invocan su nombre para descargar su venganza contra los que consideran enemigos. La degradación humana en los países asiáticos tiene su origen en la indiferencia por la vida que parte de una mala interpretación del sueño de Buda. En los países totalitarios, se alaba el sufrimiento por el bien del estado. El temor inspira todas estas versiones de la misma pesadilla.

Miguel venera las vibraciones puras de Buda y Cristo, y de muchas otras almas espirituales que han existido antes que nosotros. Sus enseñanzas no pretenden ser irreverentes ni destructivas con respecto a la fe profunda en la naturaleza pura de estas figuras que trajeron la verdad a la Tierra y la introdujeron en la mente colectiva de los seres humanos. Aunque la pesadilla del infierno ha triunfado, el recuerdo de una vida sin temor ha dejado su huella en la conciencia humana.

La intención de Miguel es advertir a los demás acerca de los efectos nocivos de los temores erróneamente inspirados en almas avanzadas como Cristo y Buda. En su corrupción actual, las religiones sustentan la pesadilla del infierno.

Es necesario añadir que Miguel no cree que sea beneficioso, en este momento de nuestra evolución humana, eliminar la formación religiosa de nuestros hijos. Recalca que un niño debe aprender el sistema completo de pensamiento que conduce a nuestra pesadilla del infierno, antes de poder transformarla en el sueño del cielo en la Tierra.

En casi todos los libros sagrados está presente el recuerdo de una raza humana anterior a la nuestra que poseía una civilización avanzada, con sistemas aeronáuticos y de comunicación similares a los actuales. Miguel sostiene que esta raza era la Tercera Humanidad, que vivió miles de años en armonía antes de destruirse a sí misma en una guerra nuclear y la consiguiente radiación.

Esta raza anterior —y es sólo una de las muchas que habitaron la Tierra antes que nosotros— nos pone sobre aviso de que, tal como a ellos les sucedió, nuestras creencias podrían conducirnos a la aniquilación si nos mantenemos aferrados a ideas equivocadas que generan el desequilibrio, la discordia y el miedo.

La veneración que sentimos por la ciencia y la tecnología, y el hecho de que no aceptemos como válida la información que nos ofrecen la intuición y la revelación, nos alejan aún más de nuestra naturaleza divina y nos acercan al fin que tuvieron nuestros predecesores.

En la mayoría de las zonas del mundo, hemos impuesto una imagen totalmente masculina de Dios, mientras negábamos el lado femenino de su naturaleza. La Tierra, que expresa el principio femenino, ha sufrido nuestros abusos, pues nos creemos dueños del mundo natural.

Aquella raza avanzada que se exterminó a sí misma nos legó signos y advertencias en determinados lugares clave de la Tierra que han sido reconocidos como sagrados. La gran pirámide de Guiza es uno de ellos. Hermes Trimegisto (el nombre griego del dios egipcio Tot), de donde se deriva la palabra «hermético», es el autor legendario de obras de alquimia, astrología y magia. Miguel opina que esta divinidad griega fue un hombre real que vivió en Egipto. Hermes redescubrió el antiguo conocimiento que explicaba la importancia de Guiza, una estructura construida mucho antes de su tiempo. A través de una conexión onírica, Hermes compartió este conocimiento con Espejo Ahumado, el soñador de Teotihuacán, de modo que existe una relación fundamental entre el tamaño y la forma de la gran pirámide de Guiza y la pirámide del Sol de Teotihuacán.

Teotihuacán es un emplazamiento sagrado, uno de los lugares con mayor poder del mundo. Miguel afirma que el espíritu original de Jesús reside en Teotihuacán, donde entró en su forma pura como haz de luz. Él y algunos de sus seguidores sienten que el espíritu de Cristo reside en el palacio de los Jaguares, tras el palacio de Quetzalpapálotl (o de la Mariposa), en el extremo norte de la Calzada de los Muertos. Tanto Hermes como Cristo cedieron su poder a Espejo Ahumado. Con su ayuda, éste recuperó su propia divinidad y diseñó una serie de estructuras que otorgaría poder a las personas y las liberaría de los temores que las mantenían en la pesadilla del infierno.

Nuestro largo sueño del infierno ha ido llenándose de sufrimiento, tristeza y cólera. La calidad de nuestras emociones la controla nuestro sueño. Si recuperásemos el sueño del cielo en la Tierra, la energía que el cerebro produce se convertiría en vibraciones de armonía y amor. Había que considerar si lo primero fue el sueño del amor, o bien las vibraciones de amor. El impulso que conduce a un cambio de las vibraciones de la mente humana procede del Sol. La energía del Sol nos impulsa a fomentar el amor y reducir el temor. Nos encontraremos produciendo un tipo distinto de sueño, menos infernal y más celestial. El nuevo sueño empezó en el Sol.

Miguel calcula que todavía se tardarán dos mil años más —la era completa de Acuario— en modificar en su totalidad el sueño de la humanidad, pero el cambio se ha iniciado y ya lo percibimos. Cree que a lo largo de su vida verá una crisis de transformación porque el viejo sueño se resistirá a cambiar. Algunos grupos regresivos querrán aferrarse al poder que obtienen promoviendo la pesadilla. Aun así, el temor debe ser erradicado para que podamos alejarnos de la actual situación infernal. No puede aparecer un nuevo sueño si no muere el anterior. Este cambio de grandes proporciones, ya previsto, nos conducirá al caos mundial, pues se producirá el desmoronamiento de todos los sistemas basados en el temor. A partir de entonces, el nuevo sueño crecerá y florecerá. Ya hemos iniciado esta fase evolutiva: las acciones y reacciones del cambio son visibles a nuestro alrededor.

Intentar oponernos a él resulta infructuoso e inútil. El cambio es inevitable. Si los seres humanos no lo provocamos, las catástrofes naturales lo harán. La Tierra ya nos ha advertido de su impaciencia con inundaciones, incendios y terremotos recientes, que podrían entenderse como la manifestación de que el planeta se está curando a sí mismo de las heridas que le hemos causado. Los centros de población conflictivos atraen catástrofes naturales porque la calidad del sueño que sus habitantes comparten es más violenta en las zonas densamente pobladas. Miguel nos dice que podemos evitar las catástrofes si somos mínimamente inteligentes. Una muestra de este cambio de mentalidad la tenemos en el éxodo de personas que ya abandonan las grandes ciudades y abogan por la puesta en práctica de una tecnología menos destructiva y por un modo de vida más sencillo en pequeñas comunidades.

Las guerras que nos han asolado a lo largo de este siglo son consecuencia del sueño infernal que compartimos, a pesar de que los seres humanos no somos intrínsecamente belicosos. Miguel predice que, a medida que el sueño cambie, las guerras no serán más que un simple recuerdo en las mentes humanas.

El mensaje de Miguel es que no debemos tener miedo a nada. El modo en que el mundo está evolucionando es correcto y adecuado. La conciencia está cambiando y, por lo tanto, la evolución también. En el pasado, cada cambio importante de la evolución estaba marcado por un cambio de la energía que llegaba del Sol.

El Sol representa el principio activo y masculino, y la Luna está vinculada al principio femenino e intuitivo. Cuando volvemos a nuestro estado puro de energía en la muerte, nuestro destino es el Sol. Regresar a él es como retornar al hogar. La Luna es una analogía de este proceso de retorno: así como ella reenvía al Sol la luz que de él recibe, también nosotros somos capaces de volver metafóricamente a él mediante el «espejo ahumado» de la Luna.

En Teotihuacán, Espejo Ahumado está presente en la pirámide de la Luna, con su gran plaza delantera. El aspecto femenino de esta zona queda afirmado por una diosa esculpida en piedra de cinco metros de altura y veintidós toneladas, que fue retirada de la plaza de la pirámide de la Luna durante las obras principales de restauración que se iniciaron en Teotihuacán en 1962. En la actualidad, se exhibe en el Museo Nacional de Antropología de la ciudad de México. Aunque se ha hallado una escultura inacabada de piedra de similares características cerca de Texcoco, no ha aparecido ninguna otra en Teotihuacán de tales dimensiones.

Los arqueólogos han dado a la diosa representada en esta obra el nombre azteca de Chalchiuhtlicue, diosa del Agua y esposa del dios de la Lluvia. Tiempo atrás, lucía unos pendientes de turquesa y un faldón de jade y, antes de que lo robaran, un pectoral de oro. Sitchin relaciona este colgante con la búsqueda de oro que atrajo a los dioses a la Tierra, pero coincide también con otros estudiosos en que la pirámide de la Luna es un símbolo de veneración a la feminidad divina. Lo mismo sucede con la Serpiente Emplumada, icono del Agua, y con la cabeza de Tláloc, el dios de la Lluvia, en la pirámide de Quetzalcóatl, pues estas dos estructuras principales de Teotihuacán evocan la unidad de la divinidad. En Teotihuacán, ambas son las únicas representaciones divinas, una masculina y otra femenina.

La estatua de Chalchiuhtlicue fue descubierta hace un siglo, tumbada de bruces entre los templos en ruinas del lado occidental de la plaza de la Luna. Recibía el nombre de «Piedra del desmayo», porque a quien se estiraba sobre ella le invadía una sensación de lasitud. (Véase *Treasures of Ancient América*, [«Tesoros de la antigua América»], de S. K. Lothrop, p. 41.) Ahora, separada de las vibraciones de las demás piedras y de la pirámide, la estatua resulta extraña y difícil de interpretar, pero estaba en Teotihuacán por una razón. Incluso en la actualidad, la obra tiene significado como señal de nuestra necesidad de restablecer el principio femenino en el sueño colectivo de Dios, y de la urgencia de proteger el agua, que es como la sangre de la Tierra.

En Teotihuacán, el sueño y los dioses son del todo armoniosos. Era realmente el lugar donde los hombres podían convertirse en Dios. En esta época, cuando el conocimiento reservado en los sitios sagrados es accesible a las mentes de personas especialmente preparadas, podemos penetrar de nuevo en el armonioso sueño que imperaba tiempo atrás en Teotihuacán. La práctica de Miguel de regresar en trance a este lugar, una vez al mes durante cinco años, ha inspirado su interpretación de Teotihuacán.

Parte de su obra como nagual, tal y como él la entiende, consiste en comprender el propósito sagrado de las pirámides y los templos de Teotihuacán, algo que por sí solas ni la Arquitectura ni la Arqueología pueden explicar. El intento de Miguel es recuperar y recrear los misterios que se practicaban en Teotihuacán hace siglos. El proceso de transformación estaba asociado entonces, y sigue estándolo ahora, al sueño de entrar en una enorme serpiente bicéfala, la que simboliza la Calzada de los Muertos.

La Calzada de los Muertos termina en la pirámide de la Luna, donde la serpiente arroja simbólicamente al peregrino, quien, ya transformado, pasa al adosado palacio de Quetzalpapálotl, que simboliza el cielo, para nacer de nuevo en un estado puro de desvinculación y dicha.

Cada etapa del viaje a través de la serpiente tiene un significado. Antes de iniciar el proceso de liberación recorriendo la Calzada de los Muertos, la persona debe familiarizarse con ciertos conceptos esotéricos que Miguel enseña. El siguiente capítulo es un repaso de ideas toltecas fundamentales que Miguel ha recuperado a través de sus visiones en Teotihuacán.

5

Mente, evolución y el sueño

En sus enseñanzas, Miguel reitera que todas nuestras ideas y sueños proceden del Sol. Sólo podemos percibir las cosas a través de la luz que reflejan y que tiene su origen en la luz solar. La realidad, como la conocemos, es la recreación en nuestras mentes de esa luz reflejada.

Cuando la Biblia dice: «En el principio existía la Palabra y la Palabra estaba con Dios», es cierto tanto desde el punto de vista chamanístico como desde el científico. El sonido es parecido a la luz y posee el mismo poder generador que ésta. El sonido es energía que vibra a distintas velocidades. La energía pura tiene diversas cualidades: sonido, color, temperatura, movimiento, memoria y conciencia. La vida también posee estas cualidades. Einstein, en su teoría del universo, comparó la energía con la masa y la velocidad de la luz. Los toltecas hicieron una observación parecida, aunque con otras palabras: «Todo es luz. Todo lo que conocemos se basa en la luz.»

Desde un punto de vista etéreo, la vida humana en la Tierra fue creada para soñar. Los seres humanos creemos la realidad que percibimos en sueños, por tanto, todo lo que nuestros sentidos nos muestran no es sino una manifestación de nuestro sueño.

La transformación de energía en el sueño empieza con la

materia. Recreamos la luz que percibimos reflejada de un objeto material como una imagen en el interior de nuestros ojos, siempre de modo indirecto. En este proceso también participan nuestras emociones. Las imágenes que recreamos en nuestra mente a partir de la luz reflejada se procesan a través de nuestras emociones, y esta actividad desarrolla nuestra mente. Nuestra mente está formada por emociones, como nuestro cuerpo lo está por átomos.

Al nacer, el niño no tiene mente. Tiene la base física (el cerebro), pero es inmadura y, por tanto, deberá aprenderlo todo. El cerebro es un complejo de computadores en blanco. No es consciente. Aunque el recién nacido posee la memoria celular de la evolución y algunas emociones, no tiene la mente para crear el sueño.

El niño nace con todo el conocimiento del Universo, pero no puede pensar. Sólo sabe. Su ADN contiene el conocimiento silencioso de la vida. El sistema neuronal funciona en cuanto se desarrolla en el útero, pero antes de nacer no está en contacto directo con la luz exterior, sólo la percibe indirectamente a través de la madre; así pues, hasta que nace, la información que le llega es insuficiente.

Durante unos cuantos años después de nacer, el niño sigue libre como un animal salvaje. Todavía no está culturizado y, por tanto, no ha aceptado el sueño que su familia, la religión y la cultura le transmiten. Una vez que el niño lo esté, el desarrollo de su mente experimentará las emociones que se derivan del castigo y la recompensa. Poco a poco, el niño aprende todas las normas del sistema que hereda y aprende a comportarse de un modo concreto. Aprehende el sueño de su sociedad, pero no lo elige.

Los jóvenes culturizados suelen rebelarse contra el sueño que les ha sido impuesto. Ya no son inocentes. En la cultura de marcados rasgos occidentales que domina la Tierra, los jóvenes ven violencia por todas partes. Está de moda en sus diversiones y en las bandas con las que los jóvenes se identifican en todo el mundo. El sistema de violencia los envuelve. Ponen la vista en arquetipos establecidos, como el hombre macho y la mujer objeto sexual. El criminal se convierte en un héroe. Los modelos que siguen nuestros jóvenes son infernales. Contribuyen a la pesadilla que cercena el mundo.

Las heridas que Espejo Ahumado vio a su alrededor siguen abiertas en la actualidad, pero ahora la crisis afecta a toda la sociedad. Buscamos un modo mejor de relacionarnos unos con otros. El matrimonio, que es la base de la sociedad, está ahora aprisionado en la primacía del control y es necesario que cambie hacia una relación de respeto.

Al final de la Era de Piscis, constatamos que nuestro sueño colectivo es un infierno, que nos ha envenenado tanto a nosotros como a la Tierra y, suponemos, también al universo. Por el bien de ambos, el sueño humano va corrigiéndose a medida que pasamos a la Era de Acuario. Cambiar nuestro sueño es un paso evolutivo adelante. Con cada era zodiacal, o cada Sol en términos aztecas, la evolución avanza.

La evolución se dirigió durante milenios hacia el desarrollo de la capacidad humana de pensar, soñar y crear realidad. El siguiente paso es crecer más allá del temor, hacia la práctica del amor. El amor genera energía creativa benigna. Estamos descubriendo la frecuencia energética del amor y sus ventajas en la curación, la educación, la política y la espiritualidad.

El Juez y la Víctima

En el infierno hay dos gobernantes principales: El Juez y la Víctima. En nuestra mente, nuestro Juez nos incrimina. Nuestra Víctima asume la falta y se siente culpable. Estos dos aspectos de nosotros mismos se detestan entre sí. La comunicación entre ambos en nuestro interior se interrumpió durante nuestro proceso de culturización, sin importar las creencias que tuvieran los mayores que nos educaron.

Los seres humanos son animales domesticados. Antes de que naciéramos, el sueño del planeta ya existía, con todas sus normas, creencias y esperanzas. En él, se espera que los nuevos seres humanos crezcan y desarrollen su mente para seguir controlando el sueño. Un ser humano normal, puro, sería todavía libre, como lo fue en la infancia antes de la culturización, entre el año y medio y los tres años de edad, aproximadamente. Es entonces cuando ha desarrollado lo suficiente la mente como para comprender lo abstracto, y controlar en buena medida el lenguaje para comunicarse con otros seres humanos. Sin embargo, el proceso de educación todavía no ha tenido lugar. Este pequeño ser humano sigue su tendencia normal a jugar, explorar, reír y disfrutar de la vida. Casi todas las emociones del niño proceden del amor, a no ser que esté enfadado o le duela algo. Este pequeño ser humano es libre y vive el presente. No le preocupa el ayer. Tampoco el mañana. Los adultos viven inmersos en el pasado, y están tan preocupados por intentar labrarse un futuro que eluden vivir el presente. Para la persona mayor, todos los dramas de la vida son graves, pero para el niño nada es en realidad tan importante.

El sueño espera para enseñar al niño pequeño cómo incorporarse al viejo sueño del planeta. Nuestros padres, hermanos mayores, profesores, la escuela, la religión, la sociedad y los medios de comunicación contribuyen a mantener vivo el sueño común a través de la culturización. Ésta se impone con la recompensa y el castigo. Mamá y papá nos *domesticaron* del mismo modo en que los *domesticaron* a ellos. Nos introdujeron a los conceptos del bien y del mal con recompensas para el uno y castigos para el otro.

Por lo general, cuando se nos castiga sentimos que es injusto y nos rebelamos. Eso abre una brecha en nuestra mente, y el resultado de esa herida es que producimos veneno emocional. El dolor que sentimos en nuestro corazón es emocional, no físico. Y ese veneno emocional llega a nuestra mente. El miedo aparece y dirige a partir de ese momento nuestro comportamiento y nuestra mente. Tememos al castigo y también no recibir recompensas. Ésta se entiende como una señal de aceptación. Luchamos para merecerla ante nuestros padres, nuestros profesores y amigos, y ante la misma sociedad. Mientras crecemos, estamos sujetos repetidas veces a lo largo del día al juicio de otros y a las polaridades que nuestra sociedad apoya, como lo correcto e incorrecto, lo bello y lo feo. Y pronto empezamos a emitir nuestros propios juicios.

La culturización se vuelve tan férrea que ya no necesitamos a nadie para la tarea porque la asumimos por nosotros mismos, castigándonos y recompensándonos, de vez en cuando. Existen tres componentes en nuestra mente que participan de modo activo en ese proceso de *autodomesticación*. El Juez es la parte de nuestra mente que juzga lo que hacemos y lo que no

hacemos, lo que sentimos y lo que no sentimos, lo que pensamos y lo que no pensamos, y también todo y a todos. La Víctima recibe el veredicto y el Juez suele hallarla culpable. La parte Víctima de nuestra mente se siente indigna y merecedora de castigo, y repite continuamente: «No soy lo bastante bueno, inteligente, fuerte, hermoso. Soy un fracasado, para qué voy a esforzarme?» La tercera parte de la mente que participa en la emisión de juicios es el sistema de creencias que nos han enseñado, y que incluye todas las normas sobre cómo soñar nuestra vida. El sistema de creencias es una especie de constitución o de libro sagrado donde todo lo que creemos sin discusión constituye nuestra verdad. Yo llamo a este sistema de creencias «Libro del infierno».

El Juez interior basa todos sus juicios en el sistema de creencias. Una vez que reconocemos este punto, constatamos que en nuestra mente no hay justicia, porque si la hubiera, pagaríamos una sola vez por cada uno de nuestros errores, pero nuestro Juez nos los hace pagar mil veces. Así, pagamos cuando cometemos un error y también cuando lo recordamos e, incluso, cuando alguien nos lo recuerda. En toda ocasión, el Juez está ahí para encontrar culpable a nuestra Víctima y castigarnos de nuevo.

Recibimos nuestro sistema de creencias de la sociedad durante el período de *domesticación*. Lo absorbemos a través de nuestra familia, la escuela y la religión. No podemos elegir en qué creer, aunque nos rebelamos; tampoco podemos hacer nada para cambiar la situación. E, igual que de niños, nos rebelamos también cuando somos adolescentes y buscamos nuestra propia identidad. En este momento crucial de

nuestra vida, vemos cómo el sistema de creencias reprime nuestros instintos humanos normales y cómo los adultos nos manipulan. Nuestra futura autoestima dependerá de la cantidad de resistencia que encontramos durante nuestra rebelión adolescente. Podemos encontrar cierto apoyo y tener éxito en la vida, o podemos sucumbir al temor.

El Juez, la Víctima y el sistema de creencias, o Libro del infierno, forman juntos un Parásito de nuestra mente. El Parásito es un ser vivo formado por energía etérea. Para sobrevivir, se alimenta de emociones que genera el cerebro humano. Son emociones que proceden del temor, la cólera, la tristeza, la depresión, la envidia y el victimismo. El Parásito controla el sueño. Crea un sueño de temor, una pesadilla, para controlar el cerebro, que es la fábrica de las emociones. El Parásito controla la producción de esas emociones humanas que son necesarias para su supervivencia. Al mismo tiempo, el cerebro deja de producir las emociones que requiere para el crecimiento del alma, que son las que proceden del amor.

El Parásito opera de un modo parecido a como lo haría un virus en una célula. El virus controla la reproducción de la célula, de forma que no pueda producir las propiedades que necesita para su propio crecimiento. En lugar de eso, produce lo que el virus necesita para el suyo. El virus vive a expensas de la célula y, poco a poco, va dañándola hasta que la destruye. Vemos a nuestro alrededor cómo los seres humanos adoptan un comportamiento autodestructivo. Ése es el signo externo de la mente autodestructiva que está controlada por el Parásito.

Los toltecas eran conscientes de la existencia del

Parásito y sabían que los seres humanos sólo tienen dos opciones en relación con esta fuerza invasora. Una consiste en rendirse al Parásito, mientras que la otra es parecida a la que eligen el niño pequeño y el adolescente: rebelarse, declarar la guerra al Parásito y proclamar la libertad a ser uno mismo, a tener un sueño individual, a usar la propia mente, a generar las emociones que alimentan a la persona que somos en realidad. Los toltecas, por supuesto, elegían rebelarse. Por eso reciben el nombre de guerreros. Éste es el verdadero significado de un guerrero.

Un guerrero es ese ser humano que es consciente del Parásito que existe en su mente y le declara la guerra con el propósito de curarse a sí mismo. La importancia de la guerra no es ganar o perder, sino intentarlo.

Cada sistema de valores tiene su propio Libro del infierno. En todas las familias se transmite algún libro de este tipo. El Juez y la Víctima están siempre presentes, con independencia de la corrección o incorrección del sistema de creencias que hemos aprehendido. La tarea del guerrero consiste en rebelarse contra el Juez y la Víctima que llevamos dentro. Al recorrer la Calzada de los Muertos de Teotihuacán en el camino tolteca, el guerrero puede llegar más allá de ellos.

En todas las culturas contemporáneas, se enfatiza el sufrimiento. Creer en él, genera más sufrimiento. La herencia cristiana enseña que es preciso sufrir para imitar a Jesús. Pero Miguel afirma que eso es un sueño falso o una ilusión. El propio Jesús predicaba que el amor era la respuesta a la vida. Otorgar valor añadido al sufrimiento es una muestra del tipo de creencias que impregna nuestras mentes y nuestro sueño colec-

tivo. En frases como «no se consigue nada sin sufrir», revelamos hasta qué punto hemos aceptado la idea de que no tenemos derecho al deleite de la ausencia de dolor.

Incluso antes de que empecemos a recorrer la Calzada de los Muertos en el camino tolteca, podemos hacer un ejercicio mental que es como una oración activa. El propósito del ritual es llegar a ser felices como debíamos.

Pide morir al sueño del planeta.

Prepárate para salir del infierno.

Imagínate en el cielo en la Tierra.

6

Herramientas para la transformación

PRIMERA PARTE: EL MITOTE Y EL INVENTARIO

El mitote

Existe una práctica ancestral entre varios caminos mexicanos de conocimiento llamada el mitote. *Mitote* es una palabra india que se ha incorporado al español. La palabra sería sinónimo de «caos», pero se usa para indicar una cacofonía de voces sin acuerdo, como el murmullo de un mercado o la torre de Babel. Los toltecas solían decir que una mente humana corriente es un mitote.

Los hombres con poder y sabiduría pueden ser brujos. En el pasado, los brujos conducían a sus aprendices a determinados lugares donde ingerían plantas como el peyote para detener sus mentes y poder entender que esta realidad es de hecho un sueño. Hoy en día, algunos brujos siguen realizando esta práctica, que se llama mitote. Tanto el hecho de carecer de armonía como la práctica utilizada para aclarar la confusión reciben el mismo nombre.

El único camino hacia la armonía o el cielo es acabar con el mitote. Para los toltecas, eso hace referencia

al caos que provoca la interrupción de la comunicación entre el Juez y la Víctima en nuestra propia mente. El estado normal de la mente es el infierno.

Yo efectúo la práctica del mitote sin drogas. No creo en ellas. Les explico a mis alumnos que debemos trabajar juntos para acabar con el mitote, a fin de cambiar nuestro modo de vida.

En la tradición tolteca, te enfrentas al mitote y no lo niegas. El mitote es tan poderoso que necesitamos ayuda para arrebatarle el poder.

Rogamos al Creador que nos ayude y nos dé claridad. Pedimos recibir valor para poner orden en el mitote. En su práctica del mitote, los toltecas descubrieron que todo el conocimiento viene a nosotros. El mitote es algo similar a una cebolla en nuestra mente: la pelamos para descubrir las mentiras y las falsas imágenes. Cuando tenemos suficiente claridad y valor para profundizar más, descubrimos quiénes somos en realidad.

Nos apercibimos de todos los acuerdos que hemos adoptado y consideramos la posibilidad de cambiarlos. Aprendemos a explorar y a controlar el sueño. El mitote no es sólo una práctica nocturna, sino también diurna. Para llevarlo a cabo, tomamos la determinación de poner orden donde había caos y, una vez que empezamos, se convierte en el objetivo de la vida. Éste es el camino del guerrero.

Hoy en día, en algunos lugares, el uso del mitote está corrompido. Para los toltecas, el primer mitote es una iniciación al conocimiento silencioso, pero no concluye al término del primer ritual. Yo fui iniciado al mitote en el desierto con el profesor que me presentó mi abuelo.

El mitote dura toda la noche y termina al amanecer, o bien prosigue dos noches seguidas. Hacer el mitote significa situarse en el espacio entre el sueño y la vigilia. Transfiere energía a la gente, de modo que nadie termina cansado tras la larga ceremonia.

Durante nuestros mitotes con aprendices, encendemos una hoguera en el centro del grupo y los discípulos se turnan sin dormir para vigilarlo. Son los guardianes del fuego.

El resto empieza por cantar al amor y manifestarlo. En un primer momento parece una algarabía, pero luego adoptan la postura del soñador, sentados sobre el suelo, rodeando sus rodillas con los brazos y la cabeza gacha. Se les ha despertado cada quince minutos y cambian de ubicación, de modo que otra persona se convierte en guardián del fuego. Hay muchas probabilidades de observar el momento exacto en que empieza el sueño. Guiamos a los discípulos a que exploren su sueño, haciendo que tomen conciencia del momento exacto en que su cerebro se duerme. Deben usar su imaginación.

El mitote es el camino del soñador. Para hacer un mitote en casa, es aconsejable no intentarlo solo. La razón querrá sabotearlo y podría provocar pesadillas. Es mejor formar un grupo y hacerlo juntos. Lo ideal es contar con un guía.

El inventario

El inventario es la parte de la maestría de la transformación que desafía a nuestro sistema de creencias. Es, pues, una revisión de este sistema de creencias (que ya hemos descrito como el Libro del infierno), donde hemos almacenado cuanto sabemos. Al efectuarla, el guerrero repasa la lista de lo que cree. Miguel indica a sus alumnos que efectúen inventarios personales frecuentes.

El objetivo de este ejercicio es recuperar la propia voluntad. El inventario es el armamento que utilizamos al desafiar a nuestro Parásito. El Parásito es un compendio del Libro del infierno, el Juez y la Víctima del interior de nuestra mente.

Es necesario que echemos un vistazo a nuestro sueño personal de la vida. Y tenemos que ser honestos con nosotros mismos. ¿Somos felices o no? Nuestro inventario se basará en el concepto de la felicidad. Cuanto más cerca estemos de ella, más lo estaremos del sueño del cielo en la Tierra.

Hay que recordar que no elegimos nuestras creencias, nos las inculcaron. Las creencias que nos hacen felices merecen conservarse. Las que nos provocan infelicidad pueden revisarse y modificarse. Nuestro objetivo es reprogramar nuestras creencias para liberarnos del miedo.

La voluntad de cada uno es el derecho que tiene a tomar sus propias decisiones. Cuando actuamos como un guerrero y usamos nuestra propia voluntad, tenemos una segunda oportunidad para elegir qué creer. El problema al que nos enfrentamos es que nuestro viejo sistema de creencias impregna nuestra mente. Cuando hacemos un primer repaso, nos parece que no habrá espacio para creencias nuevas, pero se les hace sitio cada vez que transformamos una creencia existente.

El inventario es una práctica muy antigua de los toltecas. Es una recapitulación de toda la vida de una persona, de lo que le ha pasado. Le permite librarse de todas esas creencias que generan el sueño del infierno.

La técnica de respiración para purificar emociones

Purificar nuestro veneno emocional es un proceso sencillo. Lo único que se necesita es la idea del amor y la respiración. Sujetamos la herida de nuestra mente un momento. Entonces, respiramos deliberadamente mientras pensamos en la palabra «amor». Podemos aplicar esta rutina de purificación tanto a las viejas heridas como a las nuevas. Al limpiarlas, las heridas cicatrizan solas. Pero no podemos limpiar una herida compartiendo el veneno con otra persona porque éste aumentará.

Estamos en una jungla repleta de veneno que nos afecta a todos. Si nos agreden debemos recordar que nuestro atacante necesita nuestra energía. Cuando alguien se convierte en maestro de la transformación, nada lo lastima, ni tampoco interioriza el veneno de los demás.

Al purificar las heridas del pasado, también mantenemos la guardia en la vida diaria y ya no añadimos «bagaje» emocional a nuestra alma. Limpiar las emociones a diario se convierte en algo habitual, y, aunque no lo hagamos de inmediato al sentirlas, sí debemos hacerlo más tarde, antes de ir a dormir. En esa revisión no hay Juez ni Víctima.

Este concepto tiene implicaciones profundas en el ámbito de la terapia. En el camino tolteca, librarse del veneno es una actividad del propio individuo. No precisa terapeuta.

Hacer el inventario nos trae a la cabeza todas esos acontecimientos y creencias de nuestra vida que conllevan veneno emocional. Miguel enseña esta técnica de respiración:

Concéntrate en la respiración. Respira el amor que está constantemente en el aire. Respira el amor puro. Respirar es una conexión directa con el amor. Al respirar amor, purificas cada recuerdo emocional a medida que surge.

Limpia tu mente. Detenla. Déjala en blanco y no juzgues nada. Adiéstrala para que sea capaz de recuperar los recuerdos sin pensar. Todo lo que recuerdas es importante. Confía en tus recuerdos.

Toma conciencia de tu voluntad. Ella genera el recuerdo de emociones.

Reza para que tu voluntad active los recuerdos.

Variación de la técnica de respiración para las mujeres

Tras tomar conciencia de tu voluntad, toma conciencia de tu corazón.

Transfiere el latido de tu corazón a tu matriz.

Después, transfiere tu voluntad a tu matriz.

Transfiere ahora la respiración a tu matriz.

Inicia el inventario.

Deja que los recuerdos surjan de modo espontáneo.

Este proceso se vuelve aún más poderoso si conectas tu matriz con la luna llena.

Recapitulación del sueño

Ahora que ya conocemos la técnica para purificar nuestras emociones, debemos preguntarnos: «¿Qué creo que me hace sufrir?» Empecemos por ahí. A medida que surja cada recuerdo doloroso o creencia que nos haga sentir culpables, le aplicaremos la respiración purificadora.

Nos preguntaremos: «¿Cómo es mi sistema de creencias?» Si nuestras creencias son muy estrictas, quizá temamos cuestionar o interpretar nuestro Libro del infierno en privado. Por esta razón, los que se inician desarrollan su conciencia antes de efectuar el inventario.

Los toltecas descubrieron la maestría del conocimiento cuando fueron conscientes de que este nivel de vida es un sueño. Aprendieron a observar el sueño del planeta sin ninguna emoción y recuperaron la claridad mental. La conciencia y la claridad propiciaron un cambio. El cambio es posible si usamos las maestrías toltecas. Si vemos las cosas tal cual son, tenemos una oportunidad. La conciencia nos ofrece una apertura. Siguiendo este sencillo planteamiento, empezaremos a salir del infierno.

No tenemos que esperar a morirnos para ir al cielo. Debemos llegar a él antes de fallecer. Es mucho más fácil salir del sueño del infierno mientras estamos vivos que una vez muertos. Una de las trampas que nos impide vernos libres del infierno es nuestra prepotencia, que siempre va acompañada del orgullo y el temor a la vergüenza y al castigo.

En los últimos años, muchos gurús enseñan a los demás a culpar de su sufrimiento a sus padres, cónyuges u otras personas. Sus clientes aprenden a ser víctimas. El sistema tolteca nos enseña que ya no somos niños pequeños ni estamos indefensos. Somos lo bastante fuertes como para cambiarlo todo. Sea cual sea la situación en la que estemos, podemos cambiarla. Incluso quienes han sido violadas pueden cambiar su realidad. Los efectos de nuestras heridas se suavizan si nos damos cuenta de que estamos soñando. Podemos cambiar nuestra película interior porque somos el director, el guionista y el actor, y tenemos todo el poder para modificar la historia que estamos viviendo.

Nuestro sueño al dormir habitualmente prosigue nuestro ensueño diurno desde el mismo punto de vista que cuando estamos despiertos. Nuestro cerebro interpreta lo que percibimos. La única parte del sueño en que los seres humanos coinciden es el marco, que es el mismo para todos nosotros. El marco es cómo hemos aceptado que sea nuestro entorno, nuestro hogar en el planeta Tierra. Es el apoyo que nos hace sentir seguros y arropados. Nos transfiere la sensación de espacio y de tiempo. A nuestro alrededor hay ciclos vitales que nos proporcionan una sensación de estabilidad. Observamos los cambios en los ciclos de la Luna, el año y las estaciones. Aunque el marco no es real, lo aceptamos sin más para ver todos el mismo mundo. Sin embargo, en cuanto interpretamos nuestra experiencia, nuestro sueño se vuelve individual y particular.

No entendemos por qué sufrimos. No nos damos cuenta de que tenemos elección, pero elegimos. No somos totalmente responsables del sueño porque ya estaba ahí cuando nacimos. A pesar de esa pesadilla, intentamos mejorar las cosas para nuestros hijos. El sueño del planeta ha evolucionado a lo largo de los milenios, de modo que está cambiando y tiende a mejorar, pero es aún una pesadilla y un infierno.

Es labor nuestra utilizar esta vida para salir del sueño. No podemos esperar a que el sueño deje de contener temores. Debemos actuar por nuestra cuenta.

Al principio, no parece posible abandonar la pesadilla. La estructura del sueño que los seres humanos han creado se nos antoja perfecta. Sin embargo, no existen motivos para que sigamos sufriendo. En cuanto tomamos conciencia del sueño, podemos intentar salir de él. La conciencia nos posibilita salir del infierno para siempre.

Empezamos dándonos cuenta de que sufrimos por las pequeñas cosas que sentimos nuestras, que necesitamos controlar y defender. Podemos observarnos al reaccionar de forma exagerada ante la injusticia. Vemos

nuestra necesidad de venganza y comprendemos que el ajuste de cuentas no tiene fin.

Cada ser humano se convierte en un demonio para el resto de personas y las mantiene en un infierno. Cada vez que recordamos un error de nuestra pareja, se lo volvemos a hacer pagar. Nuestro cónyuge puede demonizarse a través de la venganza. Hacemos mucho chantaje emocional. Usamos la culpa para controlar a las personas que amamos. Hacemos promesas. Llenamos nuestra vida de expectativas y obligaciones. No tenemos ojos para la verdadera justicia. Cada persona cree que siempre tiene razón y que los demás están equivocados. Creemos que nuestra opinión es la primordial.

Tenemos que mentirnos a nosotros mismos y a los demás. Todo el mundo miente. Decir que se miente no es emitir ningún juicio. Es sólo reconocer la verdad. Mentir es una defensa que parte del temor. No queremos ver nuestras heridas personales, nuestra cólera y envidia, o aceptar que tenemos miedo. En nuestras mentiras reproducimos imágenes falsas de nosotros mismos. No hay comunicación entre los seres humanos a causa de nuestras mentiras.

Como guerreros, hemos llegado al punto de cambiar nuestra vida. Vamos a transformarla. Detendremos las mentiras. Renunciaremos a la prepotencia y la cambiaremos por la libertad que obtenemos al hacer un inventario y usar nuestra respiración purificadora para salir del infierno. Seguiremos con la creación de un nuevo conjunto de creencias que no causen sufrimiento. Se trata de un proceso creativo como cualquier otra forma de arte. Se necesita valor para empezar a eliminar deliberadamente cualquier creencia que nos hace sufrir.

Quizá no creamos que tenemos el poder de forjar nuestra propia realidad, pero si aceptamos esta premisa, podemos crear una realidad distinta de la que nos hace sufrir.

Añadiremos conceptos que reduzcan el sufrimiento al nuevo sistema que estamos creando. A medida que el sistema de creencias personal vaya creciendo, recuperaremos nuestro derecho inalienable, así como la voluntad propia para elegir si vamos a sufrir o a ser felices.

Hasta que no hacemos un inventario, carecemos del poder de elección.

Este inventario es sólo el primero de muchos. En la Calzada de los Muertos, hacemos un inventario provisional. En nuestro camino personal, empezamos también con un inventario provisional. Y este ejercicio nos proporciona el poder que precisamos para proseguir nuestro camino hacia la libertad.

Conviene recordar que antes de ser *domesticados*, éramos felices. Intentaremos recuperar esa felicidad, no con la inocencia de la niñez sino con la conciencia de la madurez. El objetivo de Teotihuacán es buscar el Dios interior. Es como el mapa que te orienta para reconocerte a ti mismo como Dios.

El sistema tolteca del inventario quiere conseguir la recuperación de nuestra totalidad. Tal como somos ahora estamos incompletos. Las revisiones continuas de las emociones y las ideas que sólo nosotros conocemos descubren nuestros temores y los sustituyen por amor.

Cuando distinguimos los recuerdos cargados de emociones en nuestra mente, descubrimos cuántas de nuestras creencias son reflejos de las emociones de otras personas.

▲ ▲ ▲

Debemos tomar conciencia, ser honestos con nosotros mismos, saber que estamos en el infierno y observarlo. No hay que negar que es el infierno. Es necesario expresar lo que somos. Amar a los demás tal como son, tanto si ellos nos aman como si no. Es el amor que damos, más que el que recibimos, el que nos hace felices.

Una vez que somos conscientes, descubrimos que nos resistimos excesivamente al cambio porque hemos llegado a un acuerdo con el sueño del planeta y con nosotros mismos durante toda nuestra vida.

Puede que una persona acordara fumar cuando era joven. Si intenta dejarlo, puede que diga: «Conozco todas las razones por las que no debería fumar, pero no puedo dejarlo.» Sucede lo mismo con comer demasiado. No resulta fácil infringir un acuerdo que lleva en vigor mucho tiempo.

La resolución a dejar un hábito está en la voluntad personal. Para dejar de hacer algo, hay que poner la misma cantidad de poder que pusimos al adoptar el acuerdo de hacerlo en su día. Para dejar de fumar, hay que estar resuelto a lograrlo. Puede empezarse a fumar por lucimiento, para parecer mayor, o para ser aceptado por el grupo. Cuando una persona adquirió el hábito que ahora quiere dejar, invirtió su poder en tomar la decisión de empezar y seguir con ello.

Pensemos en el esfuerzo que se necesita para que una nave espacial se libere de la Tierra. Debe ejercerse una fuerza suficiente para igualar como mínimo la fuerza de la gravedad que la mantiene unida al planeta. Con los esfuerzos personales sucede lo mismo. Ponemos cierta cantidad de poder en todos los acuerdos que adoptamos y debemos poner la misma cantidad para romperlos.

La impecabilidad es el uso correcto de cualquier tipo de energía. Practicar la impecabilidad nos permite reunir el poder suficiente para romper nuestros acuerdos. El uso aumenta el poder. Una vez que hemos gastado el poder para romper un acuerdo, se recupera y aumenta. El inventario, o la recapitulación, es una forma de adquirir poder.

Miguel le plantea a una persona que adopte cuatro acuerdos para estudiar con él. Afirma que estos cuatro acuerdos romperán el ochenta y cinco por ciento de los acuerdos que la mantenían en el infierno, pero no funcionan si no se practican. Se logran milagros si se van poniendo en práctica hasta que el poder es lo bastante fuerte como para controlar todos los acuerdos.

▲ ▲ ▲

1. Sé impecable con tu palabra. Este acuerdo tiene un significado profundo y puede sacarte del infierno casi por sí solo. La palabra es la expresión más fuerte del espíritu. La palabra es la herramienta más poderosa que tenemos como seres humanos. La palabra es divina. Es pura magia. Es puro poder. Di sólo lo que quieras decir.

Los auténticos magos manipulan la palabra del mejor modo y sienten el mayor respeto por ella. Sin embargo, conviene recordar que cada uno de nosotros es un mago. Usamos la palabra para herir a los demás, para culpar, para hacer chantaje, para chismorrear sin parar. El chantaje puro es destructivo. Con la palabra nos mantenemos unos a otros en el infierno. Con sólo dar nuestra opinión, podemos elevar a una persona o hundirla. Si decimos, por ejemplo: «Eres un cobarde», eso afecta a la persona durante años.

Una niña de seis años cantaba mientras jugaba. Su madre tenía dolor de cabeza y había tenido un día terrible. Le molestaba oírla cantar, así que le dijo: «Cállate. Tienes la voz de un cuervo. Cállate.» La niña ya nunca volvió a cantar. Cree que su voz es fea. Su madre le ha lanzado una maldición. Hacemos eso con mucha gente. Damos nuestra opinión sin reparar en el daño que causamos.

La niña llegó a un acuerdo consigo misma: «Tengo una voz horrorosa.» Para romper ese hechizo, debe invertir la misma cantidad de poder que usó cuando adoptó el acuerdo. Antes que nada, tiene que saber cómo ocurrió.

Todo lo que hacemos se basa en acuerdos. Un acuerdo tiene fuerza vinculante y atrae energía hacia sí, que se añade a su fortaleza y corrección aparente. También el sueño se basa en acuerdos, al igual que el sufrimiento. La mayoría de los acuerdos son limitaciones de nosotros mismos. El inventario nos hace tomar conciencia sobre cómo reaccionamos en ciertos aspectos. Entonces, podemos encontrar una forma de romper acuerdos antiguos que nos limitan.

2. No te tomes nada como algo personal. Todas las cosas nos afectan personalmente cuando nuestra prepotencia nos lleva a suponer que todo lo que pasa tiene que ver con nosotros. Por eso seguimos lastimándonos unos a otros y lo que llamamos injusticia nos llena de amargura.

3. No hagas suposiciones. Hacemos una suposición cuando creemos que los demás saben qué queremos decir, o cuando creemos saber lo que ellos quieren decir. Debemos tener el valor de preguntar a la otra persona qué quiere decir, o qué quiere, y el valor de decir lo que nosotros queremos en realidad. Sin suposiciones, no hay nada que pueda frustrarte ni nadie a quien culpar. No le debes nada a la vida y ésta nada te debe a ti.

4. Hazlo todo lo mejor posible. Si obramos siempre de este modo, evitaremos condenarnos a nosotros mismos y rara vez estaremos frustrados. Cuando estamos enfermos o cansados, nuestra percepción de cuál

es la mejor manera de actuar es distinta a la de cuando estamos bien, pues varía constantemente; pero seguimos haciéndolo todo lo mejor posible. Si lo hacemos todo lo mejor posible, en cualquier circunstancia, nos sentiremos bien con nosotros mismos. En el inventario, entramos en nuestra mente y exploramos nuestro sistema de creencias para encontrar los acuerdos que adoptamos y romperlos uno por uno.

Otro modo de tomar conciencia es encontrar el verdadero sueño y al verdadero soñador. Se necesita valor para introducirse en el sueño. No hay lugar seguro hasta que nos liberamos de la realidad y descubrimos que nosotros somos a la vez el sueño y el soñador.

La claridad nos indica que esto es sólo el sueño. Si podemos cambiar de punto de vista y controlar el sueño, podemos crear otra realidad. Al principio es difícil, pero pronto la encontraremos. Después, nos costará más adaptarnos a lo que antes considerábamos realidad.

Los toltecas combinaban ambas formas de tomar conciencia. Hacían el inventario y también se introducían en el sueño. Sabían que todo es un sueño, y trabajaban para lograr la maestría, es decir, el control absoluto de su sueño personal hasta que éste les obedeciera. Su objetivo era ser felices. Ya no temían morir. Yo enseño el método tolteca de usar el inventario y el viaje hacia el sueño personal.

Los toltecas no son ascetas. Respetan mucho el mundo material. No hay que ser pobre, aunque tampoco codicioso, en este sistema. Nos servimos del mundo material, pero sabemos que no es nuestro. La mayoría de los acuerdos representa ataduras. Decimos éste es mi cuerpo, mi casa, mi familia, mi vida... pero

no es verdad. Tener miedo de perder las adquisiciones materiales o emocionales es el infierno.

Como naguales toltecas, le otorgamos a nuestro cuerpo la capacidad de control absoluta. Dejamos que él reclame su poder personal. Lo honramos y amamos, y le permitimos ser tal como es, sin sentir vergüenza ni repugnancia.

También respetamos nuestra mente y permitimos que se controle a sí misma. La mente ama al cuerpo. Dejamos que nuestro cuerpo, nuestro amor, nuestra mente y nuestra alma sean tal como son.

Cuando el cuerpo cree «soy lo que siento» y la mente siente «soy el cuerpo y soy lo que pienso», surge el caos. Para acabar con él, tenemos que dejar que el cuerpo lo haga lo mejor posible, pero no menos ni más de lo que pueda.

Con el tiempo, hacer el inventario se vuelve un proceso tan automático que puede llevarse a cabo en sueños. Miguel ha tenido la experiencia de un inventario en el que regresaron todos sus viejos sueños. Sintió que aquello le cambiaba como persona.

Toda esa información anterior le fue arrebatada a mi cerebro. No recuerdo esos sueños que surgieron uno por uno, pero ahora soy un hombre nuevo creado a partir de ese inventario de sueños.

Cuando revisamos el pasado, es importante recordar que el Juez y la Víctima no tienen cabida en el inventario. Debemos ver el inventario con los ojos del amor, de lo contrario, reabriremos viejas heridas, produciremos más veneno emocional y justificaremos el dolor que soportamos toda nuestra vida.

Por lo general, almacenamos los acontecimientos del pasado según la interpretación que hicimos de lo que pasó. Esa interpretación está condicionada por nuestro estado emocional del momento. Imaginemos que una pareja discute. Las madres de la esposa y del marido presencian la pelea. También la presencia una persona que no tiene ningún vínculo emocional con ninguno de los dos cónyuges. La interpretación de la pelea será distinta para cada una de esas cinco personas. Las cuatro que están relacionadas podrían escribir cuatro historias distintas sobre la pelea. Pero la más cercana a la realidad será la del testigo, que carece de conexión emocional con los participantes.

Probablemente, de hacer nuestro propio inventario con los ojos del Juez y la Víctima, traigamos a nuestra mente la interpretación original del acontecimiento recordado con toda su carga de culpa y autojustificación. Por eso, debemos intentar asumir el papel de testigo imparcial.

Cuando hacemos el inventario, practicamos un tipo especial de respiración. Al hacer el ejercicio, atraemos amor. No importa lo que recordemos porque, si reaccionamos con amor, podemos transformar incluso aquellos recuerdos que considerábamos injusticias. Con amor accedemos al perdón. Disculpamos lo que ocurrió y nos disculpamos a nosotros mismos. El resultado es que nuestro acuerdo cambia y nos acercamos un poco más a la totalidad que somos.

Antes de empezar el inventario, una buena técnica consiste en hacer una lista de lo que se quiere recordar. Con sólo anotar las cosas a medida que se nos ocurran, se iniciará el proceso del recuerdo, de modo que podremos retomar un acontecimiento, una emo-

ción, o una interacción. Podríamos hacer la lista de viva voz, pero escribirla tiene mayor poder.

Resulta factible preparar el listado tanto de acontecimientos o personas, como de fechas. Pero lo más sencillo es ir recordando a una persona tras otra conforme fueron apareciendo en nuestra vida, y que aflore a nuestra mente el máximo de cada una de ellas. Ese método resulta efectivo para revisar las interacciones de nuestra vida. Al final, haremos un inventario de nuestras emociones. Podemos preparar listas infinidad de veces. Y con cada inventario, cortaremos los nudos que nos mantienen atados a esta realidad. Cuantos menos nudos haya, mayor será el poder que acumularemos para huir y desarrollar nuestra maestría.

Si hacemos una recapitulación o inventario cada día antes de irnos a dormir, y permitimos que regresen a nuestra mente las emociones de esa jornada, ya no añadiremos nuevos nudos. Cuando nos despertamos en medio de la noche es un buen momento para hacer un inventario. Debemos sentarnos y comenzar. Los inventarios largos liberan toda una vida de emociones, pero hacer inventarios diarios de todas nuestras interacciones y emociones resulta más sencillo y rápido que revisar las emociones que no han sido procesadas y se han almacenado durante mucho tiempo.

El inventario es un ejercicio de meditación, no un examen de conciencia. En él no hay Juez ni Víctima. Es una revisión de los sentimientos. Existen varios métodos para iniciar este ejercicio: poner una vela en el dormitorio y contemplarla mientras nos concentramos en nuestra respiración; mirarnos fijamente en un espejo; permanecer sentado en una habitación a oscuras manteniendo los pies en contacto con el sue-

lo y las manos en el regazo; yacer cubierto con una manta y con las manos cruzadas sobre el pecho, o sentarse sobre el suelo con los brazos alrededor de las rodillas dobladas y la espalda apoyada en algo. Todas estas técnicas sirven para acceder a un estado de trance ligero y nos facilitan que podamos realizar un inventario exhaustivo.

Nos daremos una orden: «Soy el soñador.» Mantendremos los ojos abiertos. Si los cerramos, empezaremos a soñar, que no es lo mismo que recordar. Con los ojos abiertos, la razón no puede negar lo que vemos. Tenemos que convencernos a nosotros mismos de que podemos ver. Tenemos la capacidad de regresar a acontecimientos pasados de intensa emoción, a medida que vengan a nuestra mente. Tras cada inventario, retornamos a nuestro sueño de la vida con diferente mirada.

7

Herramientas para la transformación

SEGUNDA PARTE

En este planeta, todos los seres humanos son cazadores y presas a la vez. Tenemos cierta cantidad de energía, pero, para sobrevivir y crecer, necesitamos adquirir más y nuestro instinto nos lleva a tratar de conseguirla de cualquier lugar donde esté o de cualquier persona que la posea.

El cazador es alguien que está al acecho. La palabra, tal como se usa en la tradición tolteca, procede de la visión del jaguar. El jaguar es un animal terrestre que siempre está alerta, siempre despierto. Se mueve despacio para capturar a su presa. El jaguar ve con exactitud de cerca. Vive el presente.

El que acecha también tiene la visión del águila. El águila, mientras vuela, disfruta de una perspectiva general de la escena. No ve con gran detalle, pero puede ir directamente hacia su presa. El águila es el soñador. Accediendo al punto de vista panorámico del águila, nos resulta más fácil convertirnos en maestros del conocimiento: cazadores cuya presa son las emociones. La visión del águila nos permite tomar conciencia con rapidez de nuestras emociones, pero nos cuesta más llegar a ellas desde tanta distancia.

El acechador puede ser como la araña que teje una bonita tela y espera a su presa. Los seres humanos cazan como una araña cuando crean situaciones que empujan a las personas hacia su tela mediante el carisma o la astucia. Se puede atraer siempre a la presa humana con algo que desee, como el poder, la posición o el dinero.

El guerrero está al acecho. Cuando nos convertimos en acechador, nos convertimos en cazador, lo que significa que el guerrero es el cazador que caza poder. Vigilamos cautamente cada una de nuestras emociones y cada palabra que sale de nuestra boca y, así, aprendemos a vivir en absoluta libertad.

Acechar es buscar la transformación. En esta búsqueda, cada acción, cada palabra pensada y dicha, adquieren relevancia. Por ejemplo, podríamos participar en una conversación repleta de murmuraciones. Para protegernos de este veneno, tendremos que limpiar la herida que nos provocan las habladurías mediante la técnica de la respiración.

El guerrero es el cazador cuya presa es el poder que precisa para alcanzar un nivel mental que trasciende del plano material. El poder es un ser vivo, es el sueño del planeta. Muchos seres humanos trabajan para él, y se sirven de todo el poder disponible para hacer que siga creciendo el sueño. Atrapamos a los demás en él, incluso a los nuevos seres humanos que traemos al mundo, enseñándoles a juzgar, a culpabilizarse y a generar emociones venenosas.

En el sueño del planeta, la palabra es el modo más poderoso que tenemos para esparcir veneno. Puede destruir o salvar y sus efectos se expanden con rapidez. A través de la palabra, los demás nos inoculan su veneno. Cuando nos sentimos heridos o enfadados, podemos decir una palabra cargada de una potencia especial. Eso es magia negra. Todos nosotros somos magos atrapados por el poder de la palabra hasta que aprendemos a vigilarnos a nosotros mismos.

El mayor logro del acechador es volverse impecable, y lo conseguimos cuando reconocemos que todo lo que hacemos es un acto de poder del que nosotros somos responsables. Con la impecabilidad, casi escapamos del sueño, pero aún debemos disciplinar las emociones. Para ello, tenemos que dejar de propagar emociones venenosas o aceptar las que nos llegan del exterior.

De la conciencia al acecho

Aquel que llega a maestro de la transformación ya ha adquirido la conciencia de que somos seres multidimensionales. Es el requisito principal para convertirse en un guerrero tolteca. La maestría del conocimiento también podría llamarse maestría de la mente. Sin embargo, ésta incluye dos puntos de vista: el mental y también el que corresponde al cuerpo físico.

Todo es un sueño y el sueño es lo único que existe. Para explicarnos nuestra existencia y la del mundo, nos gusta hacer particiones. Las dos partes principales son el sueño y el soñador. El soñador sueña, pero el sueño existe incluso sin el soñador, porque muchos otros soñadores lo mantienen.

Nos adaptamos a la frecuencia del sueño del planeta. El sueño guía al soñador y no al revés. Somos lo que creemos ser, pero nuestra ubicación en el sueño cambia a medida que lo hace nuestra conciencia. Tomamos conciencia sobre cómo soñamos y cuál es nuestra ubicación y, cuando aceptamos que todo es un sueño, descubrimos que en realidad es una pesadilla.

Con la maestría de la transformación, podemos cambiar por completo el sueño. Debe hacerse a nivel

personal. Sólo transformándonos a nosotros mismos, de persona en persona, finalmente se modificará el sueño en su totalidad.

Vemos que a lo largo de la historia los seres humanos siempre han buscado la felicidad eterna. Buscamos un estado de gracia o de dicha en el cielo, el Nirvana o el Olimpo. Con la clase de sueño que domina este planeta, parece imposible alcanzar nuestro objetivo de felicidad. Los toltecas sabían lo difícil que resulta ser feliz. Exploraron cómo cambiar el sueño y descubrieron las dos primeras maestrías: la primera es el conocimiento y la segunda es la transformación personal.

Las principales herramientas que usamos para desarrollar la maestría de la transformación son el acecho y el inventario (llamado también la recapitulación). Yo pienso en el inventario como en el arte de soñar, y el arte del águila. Usamos la memoria para acceder al pasado y recuperarlo. Así pues, diríamos que el inventario tiene que ver con el pasado, mientras que el acecho tiene que ver con el presente. El arte del acecho es el arte de la voluntad propia, la elección y la asunción de riesgos. Es el arte de estar vivo, siempre en tiempo presente como lo hace el jaguar.

La manera de controlar el sueño cuando estamos despiertos es elegir. En todo el universo funciona el proceso de acción y reacción. El sueño reacciona a nuestras elecciones. El arte del acecho está relacionado con el control de nuestras reacciones. Empezamos por acechar nuestras acciones.

Llegados a este punto, debemos volver al tema de la *domesticación*, que nos indicó cómo soñar y a adaptarnos al sueño del planeta. Programó nuestra mente

con un sistema de creencias completo. Nos otorgó una posición en el sueño, en nuestra familia, en la comunidad y en nosotros mismos. Esta ubicación es la imagen que tenemos de nosotros mismos en cualquier momento. Nuestra posición es lo que creemos que representamos en cualquier situación. En cada posición que adoptamos intentamos imponernos, y todos los demás hacen lo mismo. Es así como se genera el caos y la confusión.

Nuestro sueño y nuestra posición en él son fruto de lo que creemos ser, y eso es algo que controlan las emociones, no la razón. La razón se siente víctima porque nuestras experiencias no son lógicas.

Todas nuestras vivencias poseen un componente emocional. Reaccionamos emocionalmente, por ejemplo, a la belleza. El cuerpo emocional sólo tiene un objeto, que es sentir. El intelecto hace una interpretación de lo que sentimos e intenta justificar nuestras reacciones emocionales. También trata de reprimir al cuerpo emocional y cubre nuestras heridas con mentiras para evitar el dolor. De este modo, desarrollamos nuestro sistema de negación.

Empezamos por negar nuestras experiencias de pequeños, cuando reaccionamos ante lo que consideramos injusticias. La interacción entre el cuerpo emocional y el intelecto provoca un conflicto creciente y la falta de aceptación de uno mismo. No acostumbramos aceptar nuestras emociones. En la sociedad occidental, especialmente, las emociones nos avergüenzan y a menudo las negamos.

Cuando estamos solos, creemos firmemente en la imagen de lo que a nuestro juicio somos. Pero esta imagen no es real y sólo forma parte de nuestro sueño.

Está manchada de culpa, herencia de nuestro proceso de *domesticación*. Muchos de nosotros nos detestamos tanto que no somos capaces de disfrutar de la vida. Hay que hacer acopio de valor para llegar a ser honestos con nosotros mismos y dejar al descubierto las mentiras que nos han inducido a creer. Ese proceso es doloroso, pero es lo que hace el maestro de la transformación cuando está al acecho.

Cuanto estamos despiertos, el arte del acecho consiste en no bajar jamás la guardia contra nuestros pensamientos, acciones y reacciones. El principiante comienza por concentrarse en su propio interior. Siempre empezamos por nosotros mismos. A partir de este estudio personal, podemos entender a los demás, quienes hacen, a su vez, como nosotros y parten de su propio sistema de creencias. Cuando estamos durmiendo, el arte del acecho nos da el control sobre el sueño de la vida y podemos convertirnos en maestros del sueño.

El acechador usa la voluntad propia para elegir y recela de las emociones. Al dejar que el Juez y la Víctima decidan por nosotros, renunciamos a la responsabilidad y perdemos la propia voluntad. El acechador recupera voluntariamente las elecciones del Juez y la Víctima.

La vida siempre es acción, y ésta es primordial en el mundo. El acechador puede hacer que el sueño devenga auténtico en la realidad material. El soñador no. El acechador tiene el poder de cambiar el sueño exterior dentro de los límites de su ubicación en él. Al soñador le resulta imposible.

Tras acechar el interior y obtener la maestría, el reciente nagual empieza a acechar el sueño exterior

del planeta, que es el sueño que comparten todos los seres humanos.

Una vez que ha purificado su mente, puede empezar a ocuparse del sueño exterior. A medida que el sueño vaya cambiando para los acechadores, uno tras otro, ya no habrá lugar para la pobreza o la aceptación pasiva de la degradación. La acción genera abundancia.

Un maestro prácticamente ha terminado con el trabajo interior de transformación cuando comienza a obrar en el mundo exterior. Como le sucede a un médico o a un ingeniero, adquirimos la experiencia antes de poner en práctica cuanto hemos aprendido. Desde el punto de vista del estudio de la maestría tolteca, se debe transformar todo el daño interior para escapar a la autodestrucción. Es necesario que sane nuestro propio lado oscuro. El cuerpo emocional está repleto de heridas y sediento de amor y de justicia. Cuando éstas están cerradas, el guerrero transformado sólo manifiesta amor. El maestro de la transformación es también un maestro del amor, o maestro del intento, pues son términos sinónimos. El guerrero aprende que la verdad es amor.

Para aprender el arte del acecho

Miguel adopta un enfoque secuencial cuando enseña el arte del acecho. Repite sin cesar estas ideas básicas:

Tenemos que recordar que somos seres humanos que están en el infierno, atrapados por el sueño del planeta.

Usamos el acecho como herramienta para tomar

conciencia, cambiar nuestro sueño y huir de él. El acechador que tenemos dentro nos ayuda a detener la pesadilla y a empezar a posicionarnos para escapar del infierno.

En nuestro estado normal, creemos que estamos aquí para sufrir a lo largo de toda nuestra vida. Soñamos la pesadilla y desarrollamos una memoria defectuosa. Apenas recordamos el ayer. Pensamos que lo sabemos todo sobre nosotros mismos, pero lo cierto es que no sabemos casi nada.

Ayer pasé la noche entera soñando con el poder, pero no recuerdo el sueño con exactitud. Sólo sé que giraba en torno al poder.

Mi memoria retiene algunas cosas de cuando tenía ocho años y estudiaba segundo, pero no recuerdo lo que dije e hice entonces. Las ilusiones nos ciegan. Vivimos en un falso entorno que provoca amnesia. Hay partes enteras de mí mismo que desconozco, como nos sucede a todos.

A aquellos de mis discípulos que están camino de convertirse en maestros de la transformación les planteo esta secuencia de conceptos:

1. Hemos venido a este mundo con cierta cantidad de energía encerrada en un huevo. El huevo contiene nuestro cuerpo y también todas las energías espirituales que lo rodean.

2. Al nacer tenemos un cuerpo físico, pero después desarrollamos un cuerpo mental. Aunque el recién nacido no tiene mente, su alma puede sentirse con fuerza.

3. Para crecer, captamos energía del mundo exterior. Necesitamos alimentar nuestros diversos cuerpos con distintas clases de energía. El cuerpo físico necesi-

ta comida, pero ésa no es la única energía que necesita para crecer. Somos como un ser vivo que precisa convertirse en una fruta. Otro ser vivo usará la fruta para alimentarse. Nuestra fruta es la conciencia. Cada clase de energía tiene conciencia, pero la conciencia humana es independiente y distinta de la que poseen otros seres en esta y en otras realidades. Nuestra conciencia humana es conocimiento.

4. Con nuestra mente generamos energía. La mente colectiva presiona a nuestra mente interior para generar energía, mientras que el temor le enseña a soñar.

5. La razón conecta nuestro sueño interior con el sueño exterior. La razón nos proporciona su conciencia especial. No es la misma que la del cuerpo, la mente o el alma, ni tampoco ningún otro sistema energético humano.

6. La conciencia crece gracias a la importancia personal. La razón favorece nuestro sentido de la importancia personal, que crea una falsa posición o imagen de nosotros mismos. A partir de esa imagen falsa, producimos la fruta que es la conciencia y descubrimos entonces el valor de la razón, que genera su conciencia especial.

7. La razón almacena una cantidad enorme de energía de la que se alimentan muchos otros sistemas orgánicos e inorgánicos que están alrededor del nivel de la conciencia humana.

8. Obtenemos la energía que precisa nuestra conciencia absorbiéndola de otros seres humanos o del sueño del planeta. Él nos presta su energía, pero, más adelante, nos reclamará el producto final: nuestra conciencia. Invierte en nuestra creciente conciencia es-

perando una recompensa. Es como plantar una semilla y comerse después el fruto.

9. La conciencia humana es muy valiosa para el sueño del planeta y otros sistemas de energía adyacentes a él. Eso explica por qué hay tantos seres humanos.

10. El sueño del planeta paga las consecuencias de que la conciencia humana sea destructiva. A veces, la conciencia humana se descontrola y muchos otros sistemas de energía intentan dominar la producción humana. En esos casos la conciencia humana es como un cáncer fuera de control desde otros puntos de vista que no son humanos. Estamos destruyendo el entorno de nuestro planeta. Hay que detener a los seres humanos, pero a la vez abunda la fruta de la conciencia humana, lo que significa que no falta energía.

11. Desde el exterior, vemos ese enorme ser vivo que es el sueño del planeta que esclaviza a los seres humanos y los obliga a trabajar para él. Estamos atrapados en esta realidad y nos resulta difícil escapar. Nuestra relación con el sueño del planeta es una forma de simbiosis.

El sueño del planeta nos proporciona la energía para el crecimiento humano, pero el precio que pagamos es alto. No hay libertad, vivimos esclavizados en el planeta Tierra.

12. Morir no es la forma de escapar. El cuerpo muere, pero el alma perdura y el sistema energético de la Tierra puede atraparla. Cuando el cuerpo muere el sueño del planeta toma la parte que le corresponde. Poco a poco, absorbe todas las emociones que pertenecen al sueño, mientras otras se quedan en el alma y en su nivel de reencarnación.

13. Cuando empieza un nuevo ciclo el proceso se

repite: el préstamo de energía, el crecimiento de la conciencia y la reclamación de esa conciencia por parte del sueño del planeta.

Las almas quedan atrapadas en el entorno de la Tierra vida tras vida, hasta que aprenden el arte del acecho.

Amor por uno mismo y transformación

Debemos buscar siempre la felicidad antes que nada. Sólo podemos obtenerla de nuestro interior. Nadie puede hacernos felices. La felicidad es una manifestación del amor que surge de nosotros mismos. No somos felices porque otros nos amen, sino porque nosotros los amamos. El objetivo de la formación tolteca es convencer a una persona de que se ame a sí misma.

Todo está aquí para que podamos amarlo, incluidos nosotros mismos. Cuando nuestro amor por nosotros mismos es condicional, nuestro amor por los demás también lo es. A través de nuestras heridas, nos negamos primero el amor a nosotros mismos y, después, se lo negamos a los demás. Así pues, el amor por uno mismo debe ser el primer objetivo. Si nos amamos lo suficiente a nosotros mismos, no necesitamos el amor de otra persona. Podemos establecer una relación porque queremos hacerlo, no porque lo necesitemos. Si estamos necesitados, podemos ser manipulados. Si somos felices, no necesitamos a otra persona para que nos haga felices. Compartimos nuestra felicidad, no nuestra soledad. El amor por nosotros mismos nos hace dignos de ser amados. Los demás tratan siempre de acercarse a la persona que está en paz consigo misma.

Miguel intenta que las personas sean conscientes de los bloqueos que hay en sus vidas, y que proceden de sus sistemas de creencias. Los naguales ponen en práctica trucos con sus discípulos para ayudarles a superar estos bloqueos. Caminar por el fuego es una artimaña para eludir el sistema de creencias. Abre posibilidades al aprendiz de acechador. El objetivo es dejar atrás la rigidez.

La *posición* que adoptamos ante cualquier situación es nuestro modo de manejar las circunstancias. Nuestra posición está siempre cambiando. Cuando pensamos en nosotros mismos con imparcialidad, tenemos libertad para cambiar nuestra posición en un momento adaptándonos a las circunstancias de forma ágil y espontánea, sin juzgarnos a nosotros mismos. Adquirimos la conciencia de estar siempre actuando, de que llevamos puesta una máscara. Podemos cambiar en cualquier sentido. Esa conciencia puede desembocar en la duplicidad y la argucia, pero cuando una persona ha purificado antes todas sus heridas, la propia conciencia se convierte en una herramienta poderosa que la mantiene libre del sueño del planeta.

En Teotihuacán y Tula, así como en las ciudades mayas, han sido halladas muchas máscaras antiguas, que no sólo eran una expresión artística de los toltecas, sino también parte de sus enseñanzas. Las máscaras se colgaban en la pared y el aprendiz, situado frente a ellas, intentaba adoptar sus mismas expresiones faciales hasta que sentía la emoción que expresaba cada máscara. Al principio, y hasta no alcanzar mayor habilidad, sólo imitaba máscaras que carecían de ojos.

La aplicación práctica de esta disciplina suponía enviar a los aprendices a la ciudad para que estudiasen las expresiones faciales de la gente corriente.

La cara en reposo es la cara real de una persona. Con maestría, el tolteca podía analizar el estado de alguien de modo parecido a como otras personas pueden estudiar un aura. Con esta práctica, se desarrollaba una gran precisión en el conocimiento de los seres humanos. Bastaba con que un maestro echara un vistazo a alguien para saber los sentimientos que había tras la expresión de su cara. Al copiar la expresión, el maestro podía experimentar las emociones de otra persona y le resultaba especialmente útil para determinar si alguien mentía.

En el mundo, muchas personas llevan la máscara que les parece más adecuada para conseguir lo que pretenden. Sin embargo, se trata de un conocimiento chamanístico, parte del conocimiento silencioso, y sólo se enseña por completo a los aprendices entregados. Confiere a la persona un poder del que podría abusar.

En el proceso del acecho, nos enfrentamos con nuestra posición en todas las distintas circunstancias de nuestra vida. Algunas de estas posiciones no pueden cambiarse, entre otras la del sexo. Si se es mujer, por ejemplo, no es posible ningún cambio real de ese estado. En nuestro sueño interior, a veces no aceptamos estas cosas inmutables. Lo que nos conduce, inevitablemente, a la tristeza. Pero si transformamos el sueño interior, podremos aceptar nuestras posiciones inmutables con mayor ecuanimidad.

Aunque resulta difícil, es posible cambiar otros estados. Quizá seas una mujer persa que vive en Irán o Iraq. Podrías incidir en esa condición. Seguirías siendo una mujer, pero podrías modificar la posición que tenías en esa cultura. En caso de hacerlo, quienes observaran tu comportamiento podrían alterar también la suya.

No todas las modificaciones terminan bien. Hitler intentó modificar el sueño exterior haciéndolo todavía más infernal. Mahatma Ghandi, por otra parte, primero se purificó a sí mismo y, después, sus acciones en el mundo fueron afectivas y benévolas.

Juguetelandia

«Juguetelandia» es una metáfora que Miguel usa para enseñar a los aprendices a apreciarse a sí mismos tal como son, sin prejuicios.

A veces hablo con el juguete que vive en Juguetelandia. Si pensamos en todo el mundo como en Juguetelandia, nuestro cuerpo se convierte en nuestro juguete favorito. Amamos nuestro cuerpo. Sin él, no hay acción. Nuestro cuerpo está hecho para divertirse, no para sufrir ni para ganar un concurso. Podemos hablar con él y compartir lo que estamos soñando. Podemos ver el mundo exterior. En Juguetelandia sentiremos gratitud por nuestro cuerpo y lo respetaremos. Cualquiera que quiera jugar con nuestro juguete debe apreciarlo tanto como nosotros.

En Juguetelandia todo el mundo quiere ser feliz. Todos los juguetes que allí habitan juegan, ya sea solos o con otros juguetes. Cualquiera puede cambiar de juego cuando quiera. Cada juguete posee una habilidad propia, de modo que el resultado del juego depende de cómo jugamos cada uno de nosotros. En Juguetelandia se puede ser médico, ingeniero, lo que se desee. Jugamos y redescubrimos las emociones que conocimos de pequeños, cuando todo era posible. Nuestra imaginación nos ayuda a recuperar la libertad personal. En este país imaginario, la moralidad es más

elevada que en el infierno que constituye el mundo exterior. Podemos cambiar de posición en cualquier momento, de modo que no se hace necesario defender una en concreto. Cuando dos juguetes se casan, ambos buscan la felicidad sin interferir el uno en la libertad del otro. La idea de Juguetelandia facilita la desvinculación de posiciones consolidadas y favorece que aceptemos que lo que somos es.

Con el acecho, controlamos nuestro sueño y podemos crear el sueño que queramos. Como todo es una ilusión, acechar puede ser un juego, como en Juguetelandia. Sólo sufrimos cuando no tenemos el valor de cambiar nuestro juego o nuestra posición para liberarnos del juego que no queremos jugar. En Juguetelandia se nos estimula a averiguar lo que queremos en realidad y a crear después un juego para hacerlo posible.

Un aprendiz de guerrero tolteca debe lograr la maestría de ser un juguete. Esta disciplina reduce el engreimiento y hace posible que el aprendiz vea en la vida una comedia, en lugar de la tragedia que advierte la mayoría de los otros. Los aprendices aprenden a no reprimirse. Un acechador debe correr riesgos. Acechar es como un juego en el que nadie tiene nada que perder.

A lo largo de los años en que he tenido aprendices, he visto los resultados de su maestría del acecho. Un alumno de la sabiduría tolteca se dedica a escribir sobre negocios. Ofrece seminarios por todo el país. Tras un breve período de caos en su mente, los maestros que lo consiguen han seguido con su vida y su trabajo. La sabiduría tolteca es un proceso continuado. No se puede decir nunca: «He terminado toda la práctica. Ya soy un nagual.» Convertirse en maestro es un modo de vida y algo que se persigue durante toda la vida.

El acecho del cuerpo

Hemos estado hablando del arte de acechar desde el punto de vista de la mente. El otro punto de vista que queremos tratar es el del cuerpo. Una de nuestras heridas más vulnerables es el juicio de nuestro propio cuerpo. Nuestro cuerpo es nuestro mejor amigo, el más leal. El camino tolteca consiste en honrar el cuerpo humano, mantenerlo lo más purificado posible y pensar en que es perfecto tal como es, pero a muchos de nosotros nos cuesta adoptar esta actitud. La mayoría de las enfermedades del cuerpo tiene su origen en un estado mental que depende de nuestra posición en la vida. La enfermedad nos afecta cuando no asumimos que la salud es una responsabilidad nuestra e intentamos justificarnos sintiéndonos víctimas.

Las opiniones negativas sobre el cuerpo afectan a la mente y ésta reprime al cuerpo. De este modo, el cuerpo otorga poder a la mente. Ella rige algunos de los movimientos involuntarios y voluntarios del cuerpo. Piensa: «Soy el cuerpo.» Y divide las necesidades de aquél en aceptables e inaceptables. Interpreta las necesidades del cuerpo como si fuesen las suyas. La mente siempre quiere calidad y cantidad, de modo que, aunque el cuerpo esté saciado, la mente puede percibir que el cuerpo necesita alimentarse. El Juez de la mente compara de modo desfavorable el cuerpo con un ideal y lo culpa de «necesitar» comida. Lo con-

sidera culpable, aunque es ella la que provoca que el cuerpo coma demasiado.

Aspiramos a cambiar el modo en que tratamos nuestro cuerpo. Lo mejor que podemos hacer es respetar sus limitaciones, ver la belleza del cuerpo (el nuestro y el de los demás). En cada edad, en cada momento, sea cual sea su aspecto, podemos encontrar en él belleza.

Nuestro cuerpo pertenece al Ángel de la Muerte. Nos ha sido prestado. Podemos sentir gratitud por todos sus miembros y todas sus funciones. En contraste con las creencias más puritanas de nuestra cultura, los toltecas creen que nuestra gratitud debería extenderse a nuestros órganos reproductores y al poder que nos confieren de crear nuevas vidas.

Si somos agradecidos y aumentamos el respeto por nuestro cuerpo, sin actitudes posesivas, tendremos hecho el ochenta por ciento del trabajo de acercar nuestro cuerpo a una forma más ideal. La perfección ya está ahí. No tenemos que esforzarnos por lograrla.

Podemos controlar el modo en que buscamos la aceptación. Cuando dudamos de nuestra propia opinión sobre nuestro cuerpo, preguntamos a los demás: «¿Cómo me veo?» Una opinión negativa puede destruir nuestra visión interior de nosotros mismos. Y, entonces, esa necesidad de aceptación hace que cedamos nuestro poder y que, a la vez, alentemos a nuestros Juez y Víctima.

Las necesidades del cuerpo y de la mente son dos cosas distintas. El ejercicio físico permite al cuerpo recuperar su propio poder. En la formación tolteca del nagual, los ejercicios empiezan con la técnica de la respiración feliz. Al principio de este libro hay una

oración para pedir una reconexión con el amor que está en el aire. Tomar conciencia del amor que está a nuestra disposición cada vez que respiramos es un objetivo del aprendiz de guerrero.

El régimen físico de la transformación

Aunque en este libro no los explicaré, enseño una serie de ejercicios físicos que son parecidos a las artes marciales, al yoga y al taichi. El lector puede practicar cualquier sistema de ejercicios, porque el objetivo es generar una corriente de energía a través del cuerpo sin que haya obstrucciones. Los ejercicios evitan la infinidad de opiniones negativas que muchas personas se han forjado de su propio cuerpo y que dan poder al cuerpo. Cuando hacemos ejercicios, empezamos por considerar el placer de estar vivo.

Somos seres multidimensionales y nuestro cuerpo está formado por órganos multidimensionales. Tenemos que honrar nuestro corazón, nuestros pulmones, nuestros intestinos... todas las partes de nosotros mismos. Cada una de ellas posee su propia conciencia. Empezamos nuestros ejercicios con una oración, lo que nos sitúa en un estado de gratitud hacia nuestro cuerpo.

Al hacer los ejercicios, adoptamos posturas y respiramos de modo consciente. Siempre digo a mis discípulos que encuentren su propio ritmo respiratorio. Yo no dirijo el ritmo, como sí sucede en el yoga. Cada uno de nosotros se siente cómodo con uno distinto. Los músculos y las articulaciones también tienen un ritmo. Cuando hagas ejercicios, escucha siempre tu

cuerpo. Intenta despertar cada una de sus partes y procura recuperar su bienestar. Libera las emociones almacenadas por doquier. El objetivo de esta clase de ejercicios no es ganar fortaleza sino liberar emociones para alcanzar la armonía interna eliminando las toxinas del cuerpo. A medida que se liberan las toxinas emocionales, se produce una armonía entre los órganos y una corriente de energía total entre los chakras. Los chakras suelen referirse a los siete centros de energía que hay entre la coronilla y la base de la columna a lo largo del eje central del cuerpo. El concepto tiene su origen en los sistemas hindú y budista.

Mientras haces los ejercicios, mantén la postura y explora el intento del movimiento. Los movimientos de todos los sistemas de ejercicios expresan la belleza del cuerpo humano. En cada posición, el cuerpo es como una escultura. Hacer los ejercicios con este pensamiento en mente es un arte. Empieza un programa que sea muy sencillo. Yo enseño una secuencia de ejercicios para vigorizar todo el cuerpo que dura una hora y media. Cuando se hacen de forma disciplinada, los ejercicios tienen un efecto adelgazante.

Pongo énfasis en la conexión entre nuestros cuerpos y la madre Tierra. En el sistema que utilizo, están representados los cuatro elementos (tierra, aire, fuego y agua). El cuerpo humano es tierra. La columna, el encéfalo y el sistema nervioso son fuego. El sistema circulatorio es agua y los pulmones, aire.

El régimen que enseño empieza respirando fuego. Piensa en dos centros principales del cuerpo: la parte inferior de la columna y la glándula pineal, que conectan con el elemento del fuego.

La glándula pineal, situada en el centro de la zona

de la frente, es sensible a la luz. Es el punto de conexión entre nuestro cuerpo y el Sol.

Para respirar fuego, toma aire con ruido de gárgaras en la parte posterior de la garganta. Expulsa el aire entre los dientes con un ruido siseante.

Inhala una respiración del Sol a través de la glándula pineal hasta la base de la columna. Cuando inhales, visualiza que te desplazas hacia el centro de la Tierra y que te ofreces a ella.

Exhala mientras visualizas que traes la respuesta de la Tierra y la mandas al Sol.

A través de la respiración, invitamos al Sol y a la Tierra a unirse en nuestro cuerpo. Reunimos las energías de ambos.

Nuestros nervios están en contacto directo con todas las células de nuestro cuerpo. Nuestra respiración les aporta vigor y vitalidad a todas. Lleva la curación a cada célula. Mientras respiramos, podemos sentir cómo la corriente de energía recorre nuestro cuerpo.

Aprendí este sistema de ejercicios del profesor que conocí en el desierto durante mi año de residente al acabar la facultad de Medicina. En México pueden verse esculturas que muestran las posturas que él me enseñó. En todo el mundo existen los mismos movimientos porque todos los pueblos han descubierto el poder que se deriva de su aplicación.

Durante las reuniones con mis aprendices, también hacemos ejercicios vocales mediante cánticos.

Nuestro objetivo es recuperar la naturaleza pura y elemental del sonido. El silencio da forma al sonido. Los seres humanos son artistas de los sonidos en el lenguaje y en la música.

Practicamos la impecabilidad de la palabra, usándola de un modo constructivo. La acechamos, y tomamos conciencia del poder que tiene cuando es pronunciada. Lo constatamos en las opiniones, en los efectos que produce, como el prejuicio y la culpa. Si hablamos desde la curación, nuestras palabras perderán el poder de herir a los demás. Cuando reaccionamos con dolor ante las palabras de los otros, hallamos nuestras heridas. Buscamos nuestros recuerdos para encontrar el origen del dolor que las palabras nos trajeron de nuevo. Entonces, podemos curar la herida.

Una vez que se han aprendido estas prácticas devotas, ya no es preciso asistir a clase para ejecutarlas. Pueden realizarse en cualquier momento. Es posible respirar fuego mientras se espera que cambie un semáforo. Durante las labores del hogar, se puede adoptar una postura escultural y respirar de modo consciente. El objetivo final de este entrenamiento es tomar conciencia del momento presente.

Testimonios de acechadores

Bernadette Vigil, una artista que fue aprendiz de Miguel, es ahora una nagual totalmente preparada. Miguel le ha asegurado que ha llegado el momento de que lleve a sus propios grupos a Teotihuacán y enseñe a sus propios aprendices. Cuando explica qué significa convertirse en nagual, Bernadette afirma. «Me he perdonado a mí misma. He renunciado al papel de víctima. Mi cuerpo emocional ha muerto. Murió durante la ceremonia en Teotihuacán.» Habla del punto de reunión, que es ese punto de cada uno de nosotros desde el que podemos acceder a nuestro conocimiento silencioso. A medida que tomamos conciencia, el punto de reunión puede cambiar y expandirse, lo que se traduce en una mayor conciencia.

Bernadette explica sus sentimientos como acechadora: «Para ser impecable, soy muy prudente con lo que digo y lo que pienso. Cuando enseño, cambio mi centro para incorporar el nagual total, que está en otras dimensiones. El nagual forma parte del ser total de un individuo, pero se extiende hacia otras dimensiones más allá del mero cuerpo espiritual. Empezamos nuestra clase de acecho con un círculo de oración. Expresamos nuestro intento en voz alta y nos escuchamos unos a otros. El conocimiento silencioso interviene y aporta una cantidad enorme de energía al círculo.

»Al principio noto que el punto de reunión de los nuevos aprendices se encuentra algo a la derecha, en la espalda de sus cuerpos espirituales. Actúo como nagual y toco al nuevo alumno mientras estoy en un estado parecido al trance. Canalizo energía de mi voluntad a la suya. Cada discípulo empieza a darse cuenta de que ya posee conocimiento silencioso.

»La mente está formada por miles de millones de emociones. Cada emoción es un ser vivo, y todas juntas forman la mente. Es como un país donde habitan millones de personas. Debemos preguntarnos dónde está y quién es el dirigente de este país emocional. No debemos emitir juicios ni hablar de malos tratos. Pensar así es sucumbir al victimismo. En la tradición tolteca, rechazamos ser una víctima.

»En Teotihuacán, cada paso en la Calzada de los Muertos es una preparación para morir desprendiéndonos del temor. En cierto momento, enterramos el yo que habíamos sido. Caminar por esta ruta es equiparable a subir la escalera del chakra en el sistema hindú. Cada paso aporta una mayor conciencia a medida que nos despojamos de nuestros temores.»

Bernadette habla del huevo que contiene el alma. Nuestro cuerpo no es nuestra frontera. Más allá del cuerpo está el espíritu, que simbólicamente está encerrado en un huevo. En quienes tienen dones especiales, el cuerpo está envuelto por un doble huevo. Miguel ha visto que la mayoría de sus aprendices tiene el doble huevo y Bernadette ha observado lo mismo entre los suyos. Un discípulo que carece del doble huevo puede romper el huevo único y crear uno doble cuando la energía nagual entra en su campo, algo que puede ser casi instantáneo en un discípulo totalmente dedicado.

La esposa de Miguel, Gaya Jenkins Ruiz, por su parte mujer y profesora nagual, nos recuerda que la definición de relación es «tocar las heridas del otro».

«Si alguien dice algo que nos ofende y nuestra mente lo retiene, tenemos algo que debe purificarse.

»Vibramos a ciertas frecuencias. Si tienes una bolsa de cólera e interactúas con Jane, le estás enviando tu cólera. La cólera golpea el campo áurico de Jane. Si ella también siente cólera, tu cólera activará la suya. Sin embargo, si Jane no siente cólera, no vibrará a la misma frecuencia y lo que mandes le pasará de largo.

»No necesitamos protegernos de nadie. Sólo tenemos que protegernos de nosotros mismos. Si algo nos afecta, es probable que convulsione nuestro sentido de la importancia personal. Cuando nuestro ego está excitado nos volvemos vulnerables. Sentirnos insultados o molestos es una señal de que nuestra importancia personal sigue activa y necesita purificarse.»

Gaya recuerda a los alumnos que observar nuestros pensamientos y nuestros deseos cada día y decir una oración al acostarnos fortalece nuestro control cuando nos sumimos en el sueño. Uno de los discípulos de Miguel comenta la inhibición que el inventario habitual ejerce sobre nuestra naturaleza. «Piensas de inmediato que tendrás que incluirlo en tu recapitulación. Si mantengo una conversación con alguien y veo que sólo hablaré para manifestar mi orgullo, empiezo a ahorrar considerablemente mis energías.»

Miguel coincide en que esa actitud es la impecabilidad.

Otro de los aprendices de Miguel expuso su propia visión del acecho, que comparó con adoptar el punto de vista de un artista. Dijo que el acechador es un maestro del conocimiento. A medida que era más experto en el acecho, empezaba a prestar atención al color, a la disposición de su habitación, a la disposición de su vida y a cómo interactuaba con su familia. Era como ver el poder en forma de belleza por primera vez.

«Una puerta inmensa se abrió para mí. De repente, descubrí que la vida podría ser divertida», afirmó.

Aconseja que un alumno de esta sabiduría tome toda la conciencia disponible y la modifique, la haga crecer y se concentre en la calidad de la belleza. Hay poder en la belleza y alegría en la estética en general. El cazador busca algo personal para satisfacer una necesidad. Para el acechador, la necesidad personal va alejándose a medida que empieza a crecer algo más profundo, algo que el intelecto no puede controlar. Siente atracción por la belleza, pero esto varía en cada individuo. Si seguimos nuestra intuición, nos acercamos a esa entidad, a ese conocimiento silencioso que estamos buscando. Esa sabiduría es infinitamente superior al sentido del yo, y surge de un deseo más profundo que cualquier otro de nuestra alma. Conocíamos este deseo en la infancia, porque un niño mantiene aún una conexión vital con el alma. El acechador encuentra de nuevo esa certeza.

Una mujer que afirma ser soñadora cree que el acecho le hace tomar conciencia de la acción. También le impide recrearse en su propio dolor y le ayuda a tomar decisiones. Al acechar, se vuelve más consciente de sí misma y disfruta con ello. Se cuestiona sus emociones. «¿Por qué me siento incómoda? Intento averiguar de dónde procede el sentimiento. ¿Es porque temo por mi seguridad o porque no me gusta la situación en la que estoy frente a otra gente?»

Otra de las discípulas explica que, cuando está en un estado onírico, puede observar cómo ocurre una acción, reconocerla y alejarse, desvincularse de ella, y crear o hacer que sucedan cosas a partir de esa transición de dos clases de conciencia a la vez.

Un acechador carece de temores. Un acechador sabe lo que quiere e intenta conseguirlo. Mientras actúa, pero también antes y después, el acechador sintoniza con su intuición y escucha. Luego, no dejará que nada se interponga en su camino.

«Ser acechador es como ser consciente de mis acciones y observarlas en cada instante de mi vida. Supone tomar conciencia de las máscaras que llevo y cuándo y cómo las llevo. Es sintonizar con mi intuición y confiar en el modo adecuado de ser cuando me desafían. A veces, me gustaría ser una soñadora porque como acechadora me enfrento continuamente a la vida. Aun así, me alegra ser consciente y estar realmente presente para observar a todos y todo lo que pasa», me dice otra mujer.

Un hombre puntualiza que el arte del acecho se llama también arte de la transformación.

«Me sirvo del acecho para salir del infierno —afirma—. Lo utilizo para luchar contra el Juez y la Víctima. El acecho me permite ser consciente de las energías de mi cuerpo que no me ayudan a ser lo que soy en realidad. Si observo que siento ansiedad, me doy cuenta de que es sólo porque no estoy en el momento. Pero si me concentro en él, la ansiedad desaparece. Puesto que soy capaz de percibir siempre lo que siento, tengo el poder de cambiarlo. Si mi poder es lo bastante grande en ese momento, puedo salir del infierno.

»Mi punto de reunión se traslada a esa ansiedad —prosigue—, tomo conciencia de ello y la sustituyo por voluntad. Sin acechar no soy consciente de que me he trasladado a un lugar donde no quiero estar. Acechar es la herramienta que me ha permitido ser una persona feliz. Sin acechar, nunca hubiera podido experimentar el amor o la vida. Me habría quedado tras mi velo de timidez. El acechador que hay en mí es muy fuerte y dice: "¡Nada de temor! Voy a hacerlo." Para que el acechador sea efectivo, tiene que ser implacable. Si no, siempre encontrará una excusa para no actuar.»

«Solemos definir el acecho comparándolo con el sueño, pero ése es sólo un nivel de explicación —añade una mujer—. Cuando vas más allá, acechar es soñar. Una vez que somos conscientes, nos damos cuenta de que siempre soñamos. Cuando alguien dice: "Soy un soñador y no sé qué es acechar", yo pienso: "Bueno, si no acecharas, no estarías conectado con este sueño." Debemos elegir entre acechar de modo consciente o inconsciente. Si hubiese un soñador puro, que no acechara en absoluto, esa persona estaría flotando permanentemente. No tendría idea de lo que pasa, de cómo se llama o de qué día es. Todas las acciones que emprendemos o la dirección que sigue nuestra atención suponen acechar... acechar el sueño. En cualquier momento dado, hay una cantidad infinita de cosas a las que podemos prestar atención. La elección que hagamos nos dirá qué clase de acechador somos. Me gustaría indicar que el acto de acechar y el de soñar están estrechamente unidos aunque parezcan cosas contradictorias. El acechador es la parte que observa de modo consciente e imparcial el sueño en que nos encontramos. Estamos atrapados en el sueño pero desvinculados de él. El acechador puede zafarse de una emoción o del sueño.»

Otro de los aprendices describe el acecho como una evaluación de la energía. Si no tenemos que juzgar, necesitamos algún método para evaluar. En lugar de juzgar, podemos evaluar la energía de una persona o de una situación en cuanto que sea adecuada o no para nuestras acciones, para nosotros. Cierta energía no será importante para nosotros, pero otra conectará firmemente con lo que intentamos conseguir. Debemos hacer evaluaciones para ser un acechador que avanza hacia un objetivo. No es lo mismo rendirse al espíritu que rendirse a la subyugación de las viejas costumbres. A veces es difícil discernir si nos hemos implicado voluntariamente en un proyecto, es decir, si estamos haciendo lo que queremos o aquello que el espíritu nos ha marcado. No podemos separar lo que es acechar el mundo exterior de acecharnos a nosotros mismos. Cada acción que emprendemos en el camino exterior se refleja en el camino interior. Acechar es evaluar nuestra energía y alinear nuestra energía espiritual.

Miguel aconseja a sus aprendices

Cuando llegamos al mundo, quedamos atrapados en una posición en la que estamos emocionalmente muertos. No somos ni felices ni infelices hasta que desarrollamos nuestra personalidad para tratar con el mundo. Por regla general, elegimos una máscara con distintas variaciones. La máscara nos da seguridad. Es la faceta que el acechador muestra al mundo. Cuando de niños nos planteamos cuál será nuestra posición en el mundo, la decisión que adoptemos condicionará el resto de nuestras vidas. Como profesor, el nagual intenta descubrir qué máscaras usan sus aprendices para conocer el modo, o la cualidad, en que éstos intentan relacionarse con el mundo.

Si queremos ver más allá de las máscara de una per-

sona, podemos elegir nuestras acciones al interactuar con ella. Éstas son más eficaces cuando acechamos. Reaccionar ante circunstancias y personas siempre del mismo modo no es efectivo. Acechar en el mundo empresarial sería mucho más productivo que ser un instrumento en manos del sistema. Acechar y ver con claridad nos concede una gran ventaja e impide que seamos arrastrados al infierno del mundo empresarial.

Acechar es el modo de ascender a esferas más elevadas y regresar para ayudar a otros seres humanos a adquirir un estado superior de conciencia.

Una vez que hemos limpiado nuestro veneno emocional, si alguien se acerca a nosotros con ira, no estaremos abiertos a ella. Eso sucede cuando adquirimos maestría. Si nos decimos: «Seguirá en mí el amor», a la otra persona le afectará constatar que su ira no nos ha cambiado. La maestría significa saber eludir el veneno de otra persona.

Siempre habrá tentaciones. Otros seres vivos nos tentarán para volver al sueño manipulando nuestras emociones. Responden a la luz oscura de Lucifer tal como cuentan las Escrituras. Con maestría podemos mantenernos alejados de ellos. Jesús nos enseñó cómo resistir a la tentación con amor. No debemos intentar detener las emociones de rabia, sino dejar que pasen de largo.

En Teotihuacán hay un antiguo recinto residencial a un kilómetro y medio de la pirámide del Sol, cerca del río San Juan, llamado Tetitla. Tetitla significa «Lugar de piedras». En él se han encontrado muchos restos murales.

Tetitla es un lugar de luz negra pura, una energía curativa que incide en las heridas que nos acompañan

y las limpia de veneno. La luz negra es amor puro, purificante. Con ella, incluso las heridas que no sabemos que tenemos, que surgen de temores de la infancia, se alivian. Las imágenes falsas se descomponen. La cólera puede convertirse en tristeza, lo que no es más que un síntoma de la purificación que experimentaremos si nos permitimos expresar una emoción por primera vez después de haberla mantenido oculta durante muchos años bajo una imagen mental.

La experiencia de ir a Tetitla es modélica, un ejemplo excelente del proceso de purificación. Si no se puede ir, el inventario interno puede obrar la experiencia de la purificación.

Como personas capaces de percibir, tenemos distintos puntos de vista que apuntan a distintos ritmos de energía. El punto de reunión hace que la voluntad oscile, de lo profundo de la voluntad a la superficie del «huevo» humano. El punto de reunión es el lugar donde percibimos esta realidad. Las emociones de cólera, envidia y temor ocupan sólo un pequeño margen de este punto de vista. Desde otras partes de él, no las percibimos. Es posible salir del margen en el que pueden percibirse y lograr no tener ninguna conexión con esta realidad. Si pensamos en los chakras como en nuestras ventanas perceptivas, podremos imaginar que desde cada nivel tendremos un punto de vista diferente. Quizá desde el chakra raíz y el chakra sacro pueda percibirse parte de la misma información, pero desde el chakra raíz no puede percibirse todo lo que sí se puede en el chakra sacro. Tenemos un punto de reunión habitual, en algún lugar del espectro de la conciencia total. No es prudente intentar alterar este punto de reunión hasta haberse librado de los temores.

La tradición tolteca está encaminada a alejar la conciencia personal del viejo sueño del planeta gobernado por el temor y dirigirla hacia el nuevo sueño del cielo en la Tierra. Pero el viejo sueño tiene ya miles de años: está muy arraigado en la mente de todos los seres humanos. El sueño es un ser vivo. Es un arcángel que llegó del Sol.

El espíritu nos empuja a cambiar el sueño, reclama su reino. Cuando entramos en el Sexto Sol, tuvimos la oportunidad de hacer este cambio en el sueño. Más que una oportunidad, fue una orden del Sol transmitiéndonos lo que tiene que pasar.

Si abandonamos el sueño del planeta, trasladamos totalmente el punto de reunión al punto de vista de nuestra alma. Primero, desde la parte posterior del alma, veremos quién se enfrenta al sueño. Luego, cambiaremos al otro lado del alma y veremos quién ve el espíritu. Pasar de una parte a otra del alma implica un gran salto.

Para cambiar, una parte de nuestra razón percibe la luz negra del amor incondicional que llega directa al alma, la abre y deja que el espíritu salga de ella. El espíritu se vincula a esa parte de la razón que reconoce el amor incondicional. Juntos lo pueden todo. Purifican por completo la mente y manifiestan su conocimiento hacia el exterior. Es la parte de Cristo, de Buda, de la razón, que está en total compaginación con el espíritu.

En el sistema energético que conocemos como realidad, la razón es el rey. Tenemos el Juez y la Víctima. En el sistema energético idealizado de los toltecas, el espíritu es el rey. El único elemento de la razón que persiste en el sistema energético espiritual es la parte que refleja el alma.

El tamaño del alma es microscópico al principio,

pero está conectada con todas las células de nuestro cuerpo. El alma se aloja en lo más profundo del huevo humano. Está en el núcleo de la voluntad, en la burbuja de la percepción. El espíritu es una pequeña parte del Sol atrapada en la materia. Nuestro ADN está en conexión directa con él. Lo que somos es espíritu. Lo que somos es Dios. Nuestra voluntad rodea nuestro huevo humano y perdura hasta que morimos.

Cuando se abren ante nosotros dos caminos, debemos seguir cada uno de ellos durante un tiempo. Pronto, descubrimos que uno de los dos no parece ser el adecuado. No importa si nos henos equivocado. Procuraremos amarnos a nosotros mismos por haberlo intentado. Nos diremos: «Te amo por intentarlo, incluso aunque no saliera bien.»

Al cabo de un rato, iremos sintiéndonos cada vez mejor. Es como un músculo que no hemos usado antes. Nos diremos: «Vaya, tenía la sensación de que iba a salir mal, pero aun así lo hice.» Si lo repetimos cinco veces, pensaremos: «Espera un poco. Ya había tenido antes esta sensación, pero no le había prestado atención.» Empezaremos a desprendernos de la razón y a confiar en cómo nuestros sentimientos reaccionan ante lo que nos rodea. Es un modo de vivir la vida.

Segunda atención: Más allá de la pesadilla

Nuestra realidad es el sueño de la vida. El que vivimos en el presente refleja quién creemos ser y cuál es nuestra visión de todo lo que nuestra realidad abarca. Es fruto de lo que hemos aprendido de nuestra capacidad de percepción. Hemos creado nuestra realidad, nuestro

sueño al completo y nuestra mente aprendiendo todo lo que nuestras percepciones nos han hecho creer.

Como somos seres vivos multidimensionales, podemos percibir miles de cosas a la vez. Aun así, algo mágico que tiene el ser humano es su capacidad para discernir. Podemos eliminar todas las percepciones en las que decidimos no fijarnos y concentrarnos en aquella que deseamos estudiar. Este poder para elegir una percepción entre millones de estímulos posibles y centrarnos en ella es lo que denominamos «atención».

La atención nos permite fijar nuestra percepción en lo que deseamos aprender. Para aprender a caminar, a ir en bicicleta o a tocar el piano, debemos, al principio, concentrar nuestra atención y practicar repetidamente hasta que la acción se convierte en automática. Después, el conocimiento de la acción pasa a formar parte de nosotros.

Usamos la atención para aprender todo lo que sabemos y todo lo que creemos.

Usamos la atención por primera vez para crear nuestra realidad, para crear nuestro sueño. El resultado de usar la primera atención, o la atención por primera vez, es la creación de esta pesadilla que llamamos infierno.

La herramienta que podemos utilizar para transformar el sueño es la misma que usamos para crearlo al principio: nuestra atención.

Cuando revisamos cuanto sabemos y creemos cierto de cara a decidir si creer en ello o no, estamos usando la atención por segunda vez en el proceso que denominamos inventario. Usar nuestra atención por segunda vez cambia el sueño. Prestar nuestra segunda atención, elimina las limitaciones que antes nos ataban y aumenta

nuestra conciencia. Al final, descubriremos que estamos soñando un nuevo sueño; un sueño de la vida donde todo es posible, un sueño que fortalece nuestra confianza en nosotros mismos, nuestras expectativas y esperanzas. Llamamos al nuevo sueño cielo en la Tierra.

A través de la segunda atención, nuestro sueño puede llevarnos al lugar y al momento que queramos. Nos convertimos en exploradores. Ya no creemos ciegamente en nada. Tenemos una amplia visión de todo el universo. Lo que no nos era conocido, ahora lo es, pero siempre hay algo que permanece inaccesible al nagual de espíritu total. La segunda atención nos proporciona el control sobre el sueño y la conciencia de que nos estamos convirtiendo en Dios.

Miguel estaba en esta segunda atención cuando tuvo conocimiento de *El libro de Hermes* y conoció a Jesús y a Buda. Para quienes están en la segunda atención, todo está vivo y a su disposición perpetuamente.

Acechar tu propio sueño

El acechador diseña su propio sueño. Yo estoy diseñando mi vida. Supone mucho trabajo, pero disfruto de cada paso del camino. Intento entregarme a todo lo que hago. Cuando somos conscientes del poder de todas nuestras acciones, transmitimos amor. Sin embargo, todavía es posible sentir una herida y, si eso pasa, puede ser necesario otro inventario para purificarlas todas.

Si estamos en un estado de amor, no tenemos nada que perder. Estamos en un estado de unidad. Somos Dios en la Tierra.

Este concepto es hermoso. Cuando nos despertamos, deja de ser abstracto y se transforma en real. Eso es lo que somos. Pero, hasta que despertamos, no es más que un concepto. Todavía habrá veneno en nuestro interior. Seguiremos sintiendo importancia personal. Son trampas del viejo sueño. El sueño nos retiene porque no soporta el amor.

Es maravilloso tener conocimiento, pero el conocimiento es también una trampa si no está activado. Millones de almas están atrapadas porque no saben qué es el amor. Creen que lo saben, pero sólo lo conocen mediatizado por el sueño que nos atrapa a todos. Para despertar, hay que convertirse en acechador.

Todos, a cierto nivel, somos acechadores. Acechar es la única forma de convertir algo en realidad. Para la mayoría de la gente, acechar es una simple forma de supervivencia. Para un guerrero, es un modo de escapar. Y para un maestro, un arte. Tenemos que convertirnos en artistas del acecho. Si ya somos guerreros, utilizamos el acecho para cambiar nuestro sueño del planeta. Este esfuerzo es una «guerra» interior entre la vieja ilusión del infierno y el nuevo sueño del cielo en la Tierra. Nos servimos del acecho para crear arte y belleza, que son cualidades del cielo.

El arte del acecho es fruto de años de entrenamiento. Se logra la maestría en el momento en que se toma conciencia de que todo lo que se hace y todo lo que se dice es un acto de poder. Como consecuencia de esta conciencia, se asume la responsabilidad de las propias acciones y de las propias palabras. Dirigiremos ese poder de modo consciente para crear el nuevo sueño del cielo en la Tierra.

8

El mundo de justicia

En diciembre de 1992, Miguel fue de viaje a Teotihuacán con la esperanza de volver de allí totalmente cambiado. Su orientación interior le decía que aquel viaje a Teotihuacán sería más peligroso que cualquiera de los que realizara anteriormente. Había tomado la decisión de subir a lo alto de la pirámide del Sol y «saltar al sol» al modo chamanístico, entregando su fuerza vital al espíritu puro de la luz. El acto de poder que se planteaba le ayudaría a alcanzar un nivel mucho más alto de conciencia, pero una prueba así, conducida por él mismo, podría tener consecuencias mortales para un maestro chamán que es capaz de interrumpir su respiración y su pulso voluntariamente. Los antiguos toltecas usaban este acto de poder para elevarse fuera de su cuerpo. Miguel sabía que, si sobrevivía, la experiencia lo habría cambiado para siempre. Se arriesgaba a perder su identidad, como cuando había abandonado la práctica de la medicina.

Miguel sobrevivió a la experiencia, pero sus expectativas de cambio se produjeron de forma tan dinámica que quienes lo acompañaron sintieron que ya no era la misma persona que había emprendido el viaje con ellos. Al parecer tenía el mismo cuerpo y las mismas expresiones, pero sabían que la persona que era antes se había ido para siempre.

Desde entonces, el aspecto y la personalidad de Miguel se han transformado. El nuevo Miguel es un profesor del mundo que viaja y da conferencias a un público cada vez mayor, aunque, en su interior, la percepción que tiene de su cometido está ahora desvinculada.

Antes de su transformación, Miguel creía que su destino especial era impartir la sabiduría tolteca a cualquiera que deseara aprenderla. Había dedicado toda su vida a llevar a cabo esa misión. Ahora, afirma:

Todo había desaparecido. No había misión. No había hombre. No había vida. En mi interior, me sentía totalmente lleno de alegría, paz y amor, por el mero hecho de existir. Ya no tengo que justificarme ante mí mismo ni ante nadie. El significado de mi obra ha cambiado. Ya no creo tener un don especial que ofrecer a los demás. Había creído que era un trabajador de Dios, y que Él me había enviado aquí por alguna razón. Eso ya no es verdad para mí.

A nivel intelectual, ahora apenas pienso. A veces leo, pero mi mente casi no tiene ninguna actividad.

Es como un estado de samadhi. Después de ese día único, tengo una percepción del mundo diferente. Lo veo sin juzgarlo. El resultado es sorprendente. No me preocupa el planeta en absoluto. No me preocupa la naturaleza. No me preocupa la demás gente, la guerra, un tornado o que alguien me dispare. Sé que lo que pase tiene que pasar. Pasa como debe pasar y confío en ello absolutamente.

Veo un mundo con justicia. Ya estamos en él. Lo hemos buscado durante miles de años. Con este nuevo estado de ánimo, puedo ver todas las pesadillas que hemos creado en este mundo. Es fácil comprender que el

sufrimiento emocional y físico de los seres humanos procede de lo que nosotros mismos hemos creado.

Después de ese día, puedo volver a verme a mí mismo a los dos años, jugando todo el tiempo y disfrutando. Entonces, no podía aún ver el mundo de injusticia. No sabía que los seres humanos sueñan una pesadilla.

La dicha auténtica es saber, sin la inocencia del niño, que éste es un mundo de justicia. No podemos eliminar la pesadilla si seguimos siendo inocentes como niños. Los niños que son demasiado inocentes son como corderos. Debemos introducirlos en el infierno para que puedan salir de él lo antes posible.

Miguel se sumió en un estado de confianza radical durante ese viaje profético. Ahora, cuando enseña, habla con la certeza de que puede confiar en lo que le suceda.

No tengo que volver a pensar lo que sé. Ahora no tengo dudas sobre si mis palabras son acertadas. Eso no es importante. He descubierto algo muy interesante sobre la verdad: que es individual. Lo que es cierto para mí puede no serlo para nadie más.

Cada oyente de una conferencia aprehende lo que digo de modo distinto. Cada uno quiere oír una parte del mensaje, pero no su totalidad. Cada uno cree de un modo concreto. Yo expongo lo que sé y ya no espero reacciones. Sólo pido que hagan preguntas para aclarar su modo de creer.

Antes enseñaba a «evitar juzgar», pero descubrí que yo me seguía juzgando a mí mismo. Después de ese día, dejé de hacerlo. Ya no me juzgo. Me honro tal como soy.

Antes tenía que expresar lo que soy. Pero ya no es necesario. Es más importante observar lo que los demás quieren oír. No he cambiado mis conferencias, pero he cambiado mi método de observación.

Sé que nadie me necesita realmente, incluidos mis dos hijos, mi madre, mi esposa y mis discípulos. Una vez que ves un mundo de justicia, puedes ser tú mismo por completo. Descubres que tienes una fuerte comunicación con todo el mundo. Estás totalmente abierto a lo que eres y ves que todos los demás son tú, lo que te acerca más a todos ellos. La sensación de necesidad es lo que provoca el rechazo de los demás. Una vez que sabes que nadie te necesita, ya no te afecta el rechazo ni el temor de nadie.

Es casi como volar fuera del cuerpo. Si puedes dejar de ser necesario para ti mismo, puedes estar ahí para todo el mundo.

Respeta a los demás.

Respeta su derecho a hacer sus propias elecciones.

Recuerda que siempre puedes elegir entre hacer algo y no hacerlo, con benevolencia. No estás obligado a nada si no lo deseas.

He aprendido a respetarlo todo tal como es. Ya no veo problemas. La injusticia que la gente advierte en el mundo es una ilusión, no procede del exterior. Tiene su origen en decisiones que cada uno de nosotros toma en su vida. Aquellos que en apariencia son víctimas de la injusticia han llegado a esa situación por las elecciones que han efectuado. Nadie más que ellos es responsable del veneno de su sueño. Es su propio infierno. ¿Por qué tiene que controlarlos el sueño? Han elegido soñar eso. Pero la enfermedad que llamamos infierno puede curarse.

Antes rezaba. Sentía compasión de ellos. ¡Cómo sufren! ¡Qué necesitados están! Pero descubrimos que hemos construido una sociedad basada en la necesidad. En el exterior del sueño, no existe el temor ni la necesidad.

Hay un modo distinto y mucho más hermoso de ver el mundo. Cuando nos olvidamos de la necesidad, ya no tenemos miedo de ser lastimados. No tenemos expectativas. No necesitamos límites. Nos fundimos con todo. No pensamos. Sentimos dicha, pero no candidez. Hemos superado la inocencia con sabiduría, no sólo con conocimiento. Sin necesidad, somos sabios.

El cuerpo muere y el cerebro también, pero la mente pervive tras la muerte, y eso es como seguir viviendo. El cerebro necesita azúcar y oxígeno para sobrevivir, pero la mente no. Cuando fallecemos, la mente tarda un poco en darse cuenta de que está muerta. Su función es soñar. Incluso al soñar dormidos, sentimos que tenemos cuerpo y podemos caminar y, a veces, somos conscientes de estar soñando. Nuestra razón intentará despertarnos. Pero la razón deja de funcionar con la muerte y, por lo tanto, nada nos dirá que estamos muertos.

Morir es un acto de justicia. Si queremos experimentar la vida, debemos asumir riesgos continuamente. Si tenemos mucho miedo de morir, no estamos realmente vivos.

Para conocer la alegría de vivir plenamente, momento a momento, hemos de aceptar que la muerte puede reclamarnos cuando lo desee. La muerte es consecuencia de la vida, una parte del continuo natural en que se produce la energía. La desvinculación que se deriva de aceptar la muerte no implica esterili-

dad o frialdad. Al contrario, una vez que se renuncia a la desesperación de aferrarse a la vida, todo puede saborearse al instante.

Cuando una persona tiene una enfermedad terminal, si hay una cura conocida, le recomiendo que se beneficie de ella. Si no la hay, no le aconsejo los procedimientos médicos que prolongan el sufrimiento.

La mente no quiere morir, de modo que permite que el cuerpo sufra sin necesidad. Sería más justo dejar que muera.

Si un ser querido está próximo a la muerte o sufre debido a una enfermedad y lo compadecemos, no lo estamos ayudando en absoluto. Seremos un curandero más efectivo si permanecemos desvinculados y no le somos necesarios, aunque le transmitamos amor, aceptando las cosas como son. Eso es justicia.

9

La vida después de la muerte

Cuando Miguel da conferencias, empieza con una oración a nuestro Padre, Creador del Universo. Pide que el Creador use su voz, sus ojos, sus manos y su corazón para mostrarse a todos sus hijos. En este capítulo, extraído de sus conferencias, Miguel se concentra en el tema de la vida después de la muerte.

La muerte no es otra cosa que una transformación. Es sólo un concepto, pero los seres humanos se asustan siempre que se enfrentan a cualquier cambio. El temor a la muerte suele ser muy intenso cuando el cuerpo humano empieza a perder conciencia, al final de la vida. Deja de sentir o de respirar y sabe que será destruido; mientras, poco a poco, regresamos a Dios. Sin embargo, hablamos de vida después de la muerte, lo que significa que creemos que seguiremos vivos cuando el cuerpo haya muerto.

Durante miles de años, el hombre se ha preguntado por la vida después de la muerte. Las respuestas han oscilado entre «todo termina» hasta «viviremos de nuevo a través de la reencarnación».

Hay vida después de la muerte aunque no podemos demostrarlo. No podemos demostrar muchas cosas que creemos, pero sabemos que existen.

El cuerpo humano necesita energía material para sobrevivir, en forma de agua, comida y oxígeno. Los sueños, las emociones y la mente no necesitan energía material. Así pues, ¿por qué deberían destruirse?

Nuestra mente está viva. Está constituida por energía etérea, la conforman los pensamientos y tiene conciencia. Pensamos con la mente, no con el cerebro.

El cerebro es una herramienta de percepción. A través de él percibimos la luz y los sonidos, que él transforma en energía etérea. Todo lo que percibimos tiene un componente emocional que creará la energía de las emociones, la imaginación, la mente astral y el sueño. La función principal del cerebro es transformar la energía de la materia en energía etérea. Este maravilloso proceso convierte el oxígeno y el azúcar en emoción.

La función de la mente es soñar veinticuatro horas al día. El ensueño, mientras estamos despiertos, tiene una estructura material, y parece que también la tienen nuestros sueños nocturnos. Cuando estamos despiertos, nuestra mente se ve afectada por diversos ciclos de energía a lo largo del día a medida que la luz cambia, y este ritmo le da idea del tiempo y del espacio. Cuando dormimos, no percibimos energía exterior, pero la mente sueña imágenes que incluyen una figuración de nuestro propio cuerpo. En sueños podemos hablar, ver e, incluso, volar. No nos percatamos de que estamos dormidos.

Las dos diferentes clases de sueño confluyen. Al sueño de estar dormidos sigue el sueño de la vigilia,

ajeno a cualquier estructura espacio-temporal, y viceversa. Podemos soñar toda nuestra vida en una hora o, en una hora, podemos vivir cinco o diez minutos.

Algo establece la conexión entre el sueño interior y el sueño exterior. Ese algo es la razón. La razón es la parte de la mente que intenta calificar y comprenderlo todo, quiere decir qué es real y qué es irreal. La razón crea la ilusión de que el sueño es real, siempre que éste tenga un marco material. Vemos ese marco como la realidad. No nos percatamos de que interpretamos la realidad según el sueño en el que estamos en ese momento.

En nuestra interpretación del sueño, realizamos nuestra propia película. Pero observamos que nuestra interpretación no es distinta a la de otros que presenciaron la misma interacción, lo que nos indica que estamos soñando todos juntos.

La mente está viva. Podremos pensar: «Yo soy el cuerpo» o «yo soy la mente» y, entonces, la mente tendrá miedo a morir porque creerá que, cuando el cuerpo y el cerebro mueran, la vida se terminará y ya no habrá conciencia; pero eso no es verdad.

Cuando estaba en la facultad, tuve un accidente automovilístico. El vehículo se estrelló y quedó destrozado por completo. Me vi dormido al volante. En ese momento estaba fuera de mi cuerpo, por tanto supe que yo no soy mi cuerpo.

Estaba muy afectado porque lo que había considerado real no lo era. Sabía que vivía una ilusión. En ese momento tenía muchos objetivos. Me faltaba sólo un año de estudios universitarios para ser médico. Me preocupaba abandonar esa realidad, que no era real en absoluto. Mi concepto de la realidad cambió de in-

mediato. Ése fue el momento en el que supe que no estamos acabados cuando el cuerpo muere. Proseguimos.

Tras el accidente, empecé a estudiar mis sueños porque pienso que lo que nos ocurre después de morir es como un sueño. Comencé con la noción de que ese estado será muy parecido al de estar soñando. Eso es exactamente verdad. El cuerpo muere y la mente sigue soñando.

Cuando nos vamos a dormir y soñamos, nuestro cerebro está desconectado por completo. Nuestra razón se percata de que estamos soñando e intenta despertar al cerebro. La tarea de la razón es decir qué es real y qué no lo es. Necesita aferrarse siempre a un marco material que le dé seguridad porque, sin él la razón no tiene dónde apoyarse.

En el estado de la muerte, esta interacción entre la razón y el cerebro no es posible. Sin el cuerpo, la razón no puede despertar al cerebro y establecer la conexión con el marco material; sin embargo, la mente, sin el cerebro, sigue soñando.

La mente conserva toda nuestra identidad y memoria. Sigue adelante a pesar de que el suministro de energía se ha interrumpido. No recibe nueva energía emocional del cerebro muerto, pero sigue unida a sus recuerdos. Pero, de repente, la mente puede ser consciente de su estado de muerte, y eso puede ocasionarle un fuerte impacto.

Muchas personas mueren sin tener conciencia de su muerte. Muchas personas que están viviendo en su propio cuerpo no son conscientes de estar muertas. Las que permanecen en el sueño del infierno de hecho están muertas, desde el punto de vista de los toltecas.

Recordamos que todo lo que existe es Dios. En el sueño del infierno, soñamos que no somos Dios. Hemos creado uno superior a nosotros, nos exime de la responsabilidad de ser lo que somos, y nos impone el temor y el castigo.

El día en que el soñador se despierta y se convierte en Dios equivale a la resurrección. Pero primero tenemos que ser conscientes de que estamos muertos. Sólo entonces, podemos despertar.

Miguel descubrió que los antiguos toltecas sabían que la mente seguiría soñando después de la muerte. Les preocupaba morir y que la pesadilla prosiguiera, pero no estaban seguros acerca del tiempo que duraría ésta. Concentraron sus esfuerzos en controlar el sueño mientras vivían, tanto el de estar dormidos como el de vigilia. Ése era el conocimiento que enseñaban. Fundamentalmente, descubrieron que todo lo que percibe la mente es un sueño.

Los toltecas averiguaron que la mente no es eterna. Finalmente muere y regresa al espíritu, o al intento, pero sigue soñando y transformándose durante muchos años después de que el cerebro haya muerto. Su final es el final del sueño. Este intervalo de tiempo en el que la mente sigue soñando explica muchos fenómenos paranormales que suceden en este mundo. Una vez que conocemos el proceso de la muerte, comprendemos por qué la gente oye fantasmas y ve objetos que se mueven aparentemente por sí solos.

Morir significa la liberación del cuerpo e implica perder la conexión, o perder la razón. El resultado de la muerte es que el sueño se divide en dos. La mente sigue soñando el sueño interior, pero ya no está conectado con el sueño exterior. Aunque el cuerpo pu-

diera seguir funcionando, incluso en descomposición, la mente perdería su conexión racional.

El cuerpo es un ser humano y la mente también lo es. La razón los fusiona y los conecta. Tras la muerte, la mente se responsabiliza de sí misma.

Fundamentalmente, vivimos una ilusión. La felicidad que buscamos es también ilusoria. Es un fantasma. Podemos sentir la felicidad un breve instante, pero no más porque no pertenece al exterior. La felicidad es un estado de ánimo, como el sufrimiento y sólo acaece en nuestro sueño personal, pues no procede de la realidad material. Nuestro éxito y felicidad dependen de la calidad de nuestro sueño personal en la realidad etérea. Si en el momento de morir estamos soñando la pesadilla, seguiremos haciéndolo hasta que descubramos que estamos muertos. Es algo muy parecido a descubrir que estamos durmiendo en medio de una pesadilla.

Habrá un momento, entonces, en que caeremos en la cuenta: «Oh, estoy muerto. No tengo cuerpo. No tengo cerebro. Todo cuanto tenía ha desaparecido y me siento indefenso, porque mis propias creaciones (mis propios temores, mi propia cólera) me lastiman.» En ese momento, no seremos conscientes de que nadie más interactúa con nosotros hasta que descubramos cómo controlar y cambiar el sueño.

La posibilidad de cambiar el sueño después de morir es mínima, en parte porque al final la mente se extingue. El sueño se irá desvaneciendo poco a poco, hasta que la energía interior que formaba nuestro sueño se consuma y la pesadilla termine. Recibimos entonces un nuevo cuerpo, un nuevo cerebro, nuevos padres y un nuevo nombre en un entorno distinto, y empieza un nuevo ciclo.

El proceso seguirá, una vida tras otra, hasta que en una de esas vidas decidamos que esto es un sueño. Todo lo que nos rodea es un sueño en un marco material. Con esa conciencia, tendremos la posibilidad de cambiar la pesadilla en un sueño agradable.

Será entonces cuando, en verdad, estaremos vivos. La oportunidad que tenemos de cambiar el sueño es excepcional. Sólo debemos tomar conciencia de que estamos soñando, lo mismo que todos los que nos rodean. Esa única percepción modifica el modo en que interactuamos con los demás. Vemos que están soñando, pero nuestro sueño ha cambiado y lo sigue haciendo a mayor medida conforme aumenta nuestra conciencia. Percibimos que estamos soñando con nuestra mente, no con nuestro cuerpo ni con nuestro cerebro, y sentimos que la mente seguirá soñando más allá de la muerte. La muerte pierde poder cuando aceptamos que lo que muere es el sueño, no el soñador. Nosotros somos lo que permanece.

Detrás del sueño está la mente, y tras ésta la energía. Toda la energía tiene conciencia, percepción y memoria. Podemos percibir la energía aunque no tengamos orejas ni ojos. Toda la energía está viva.

Ésa es la cuestión. Si somos capaces de percibir la energía sin necesitar a nuestro yo físico, estamos cerca del origen de la creación, que, según la ciencia y la religión, está en la energía. Ambos, energía y Dios, parecen ser exactamente lo mismo, pero eso no es del todo cierto.

La encrgía es fruto de la voluntad, del intento. En la Biblia leemos que reinaba la oscuridad y que Dios creó en primer lugar la luz. A partir de ahí, creó todo lo demás.

Todo tiene su origen en la energía, en la luz, incluso nosotros mismos. Somos luz. El sueño es luz. El soñador es luz. El alma es luz. La energía es luz.

Toda acción y reacción se inicia en el espíritu. El espíritu es esa propiedad de la energía que hace posible cualquier transformación. Es la conciencia pura que lo crea todo. Es luz por sí mismo. Es eterno. No puede ser destruido.

Por lo tanto, si nosotros somos luz y la luz es eterna, la muerte no existe. La muerte es una ilusión y sólo existe en un sueño. Vemos ahora que la creación del universo no es más que un sueño; un sueño del intento, un sueño del espíritu, un sueño de Dios.

Si Dios despierta, todo desaparecerá. Él es el soñador supremo. El que está en todas partes porque todo es energía y la energía se transforma en todo momento.

¿Por qué temer a la muerte si tenemos tal certeza? El cuerpo no es más que un edificio del intento de Dios. Y un edificio de luz es también luz. No somos el cerebro. No somos el corazón. Somos lo que hace latir nuestro corazón. Somos luz. Somos vida. La vida se sirve de todos estos instrumentos para percibir, para transformar, para expresar, para vivir y para morir.

Cuando el cuerpo muere, nosotros seguimos percibiendo gracias a otras herramientas. La mente muere y seguimos percibiendo, incluso sin herramientas, porque somos luz. A eso es a lo que Jesús se refería cuando dijo: «Yo soy la luz. Yo soy quien da la vida porque soy eterno.»

Éste es también el mensaje tolteca. Y sólo hay un mensaje, porque sólo hay una unidad común a todas las realidades, a todos los universos. Si comprendemos esto, podemos entenderlo todo. Si concentramos nuestro intento, lo comprenderemos.

Miguel nos recuerda que, en la Biblia, Jesús nos dijo: «Muero cada día», lo que coincide con el concepto tolteca de que sólo existe transformación.

La muerte es transformación y sucede continuamente. Todo momento que ha pasado es muerte. Cada momento nos da la oportunidad de vivir el presente. El pasado no existe. El futuro todavía no ha llegado. Todo el tiempo estoy muriendo. Me adapto a cada cambio en el sueño de la vida. Cada día muero porque no estoy unido a lo que pasó hace un instante. Me despojo del pasado, y eso me hace libre. Es lo que llamamos el camino tolteca, rendirse a la muerte.

Cuando nos rendimos a la muerte, vivimos sólo el momento. Muchas personas que no se rinden a la muerte viven en el pasado o en el futuro y, por tanto, se pierden el presente. Desde el punto de vista de los toltecas, están muertas. La resurrección que Jesús ofrecía a todos era vivir ahora y no dejarse atrapar por las dificultades del pasado.

El Ángel de la Muerte

Hay un Ángel de la Muerte y un Ángel de la Vida que nos enseñan cómo vivir con intensidad cada segundo de nuestra vida. El Ángel de la Muerte elimina los vestigios de nuestra vida.

Con una sonrisa Miguel nos pide que intentemos imaginar que tenemos en casa a todos nuestros antiguos amantes. ¿Qué haríamos con ellos? El Ángel de la Muerte se los lleva para que podamos experimentar lo que llegue a nuestra vida.

Imaginemos también que todo lo que hemos tenido alguna vez está guardado en casa, incluso los juguetes de cuando éramos niños y todos los objetos que hemos tirado. Con el concepto del Ángel de la Muerte, sabemos que nada nos pertenece en realidad, porque es del Ángel de la Muerte. Podemos usar y disfrutar todo lo que nos llega, pero no es nuestro. Si perdemos algo, sufriremos menos si nos percatamos de que, de todos modos, jamás fue nuestro. Viajar ligero, sin la presión de la propiedad y la responsabilidad, nos hace estar dispuestos para la felicidad en cualquier momento.

Jesús trajo el conocimiento silencioso al mundo hace dos mil años, pero tan sólo ahora averiguamos que no tenemos que envejecer. Si morimos todo el tiempo, podemos transformar nuestro cuerpo. El tiempo y el espacio se detienen. El espacio se detiene. Podemos estar en muchos sitios a la vez.

Todo tiene una razón de ser, incluido el ciclo vital del cuerpo humano. Tenemos la oportunidad de disfrutar realmente este universo mientras estamos vivos. La idea de que viviremos siempre en éste limita nuestra experiencia de otros universos que pueden ser igual de hermosos. La muerte, la transformación de este estado de vida en otra forma, es un proceso que se desarrolla a la perfección. No hay razón para cambiarlo. Una vez que nos desvinculamos del cuerpo, estamos preparados para abandonarlo en cualquier momento. Podemos amar el cuerpo, respetarlo y honrarlo sin estar vinculados a él o identificados con él.

Vivir cada momento como si fuera la última

oportunidad de disfrutar este universo añade entusiasmo a la vida. Podemos considerar que cada una de nuestras acciones está en el límite entre la vida y la muerte.

El concepto del Ángel de la Muerte nos permite controlar el sueño cuando estamos despiertos. Si nos convertimos en sus amigos, podemos liberarnos del mayor de los temores humanos. Cuando ya no tenemos nada que perder, todo cambia. Podemos vivir por el simple placer de vivir.

Cada día será absolutamente placentero si ponemos nuestra conciencia en la respiración. Podemos disfrutar cada una de nuestras acciones en el sueño y percatarnos de que las está absorbiendo el Ángel de la Muerte, que siempre está detrás de nosotros reteniendo para sí cada momento. Esta conciencia es amor.

Nuestra vida puede ser una meditación constante. Existe la meditación formal, que comentaremos en el siguiente capítulo, pero también la informal, que puede practicarse en cualquier circunstancia.

La forma de meditar

Podemos meditar con los ojos cerrados o abiertos. La contemplación es una forma de meditación. Estamos vivos. Podemos estar en un estado de dicha. También, enseñar a otros a meditar y a alcanzar este estado. Eso les servirá para cambiar su conciencia y generar un sueño agradable en lugar de su pesadilla.

El primer paso de la meditación consiste en separar la mente del resto de los órganos del cuerpo.

El segundo paso nos lleva a introducirnos en la

mente, en el alma y en el espíritu, partiendo de niveles cada vez más elevados de meditación.

Una de las consecuencias de la meditación es la interrupción del sueño y la liberación del intento. El intento puede obrar milagros.

La meditación se convierte en un modo de vida. Es una oración. Es uno de los métodos más importantes para purificar la mente, no el único, pero sí uno de los más potentes y sencillos.

Además, la meditación nos confiere control y conciencia en el nivel del ego. Cuando generamos un sueño bonito en un estado de meditación dichosa, nuestros ojos cambian y empezamos a percibir amor en todo. Habrá una interacción amorosa entre nosotros y nuestra acción. En la meditación pura, podemos estar despiertos y expresarnos en el mundo con los ojos del amor. El amor percibe amor. Eso es el cielo en la Tierra, la transformación que no espera a la muerte. Y puede suceder aquí, en la vida, gracias a nuestro intento.

La meditación al comer

No es importante lo que nos llevamos a la boca. Se puede ser vegetariano o carnívoro y llevar una vida meditativa.

Toma el alimento que vayas a comer. Póntelo en la boca. Cierra los ojos. Mastica muy bien el alimento. Usa la lengua para percibir todos los sabores. Siente cada uno de ellos. Será como oír todos los instrumentos de una orquesta mientras escuchas música. Cada sabor está vivo. Comer te da tanto placer que deviene un acto supremo de amor. Todo lo que comes se modifica con tu amor. Se trata de un enfoque ritual de comer con conciencia. Con sólo una pequeña cantidad de comida, estarás satisfecho. Canturrear un poco mientras comes le añade placer y fortalece tu conexión con el alimento.

Podemos aplicar el mismo enfoque meditativo a muchas otras partes del día, como tomar una ducha. Disfrutar de vivir en nuestro cuerpo y cuidar bien de él nos beneficia.

Un testigo de la experiencia de Miguel cerca de la muerte

David Dibble

David Dibble es discípulo, asociado y amigo de Miguel, además de profesor especializado en la transformación de negocios mediante los principios del conocimiento silencioso tolteca y de la calidad total. Fue testigo del momento en que Miguel vio de cerca la muerte en el verano de 1994, mientras estaban de viaje en Hawai, que se describe a continuación:

Miguel llevaba de viaje a un grupo de alumnos a Hawai para visitar algunos de los puntos de poder que salpican este archipiélago. A Linda, mi esposa, y a mí nos apetecía mucho acompañarle ya que sabíamos que sería una experiencia de aprendizaje intensa. Sin embargo, no teníamos ni el tiempo ni el dinero necesarios. Como yo tenía una agenda de trabajo muy apretada, Linda estaba planteándose la posibilidad de ir sola. Pero decidió hacer lo que en todo momento nos había dado mejores resultados en el pasado: le preguntó a Miguel qué pensaba. Como siempre, obtuvimos una respuesta inesperada: opinaba que ambos debíamos acompañarle. Yo ya había descubierto que, cuando Miguel da un consejo, lo mejor es tenerlo en cuenta. Aunque con muchas reservas, nos decidimos y preparamos las camisas floreadas y las sandalias. Menudo viaje iba a resultar.

Uno de los puntos de poder que estaba previsto visitar en Maui era el volcán Haleakala, que tiene el cráter inactivo más grande del mundo: más de treinta kilómetros de circunferencia y casi mil metros de profundidad. El borde del cráter, que casi siempre está oculto bajo unas impresionantes nubes blancas, se sitúa a más de tres mil metros sobre el nivel de las cristalinas aguas de Hawai. Cuando miré desde allí arriba el interior del cráter, me recordó el paisaje lunar: negro, irregular y yermo. Cuando empezamos a descender por el oscuro sendero de lava que serpenteaba unos ocho kilómetros hacia el interior de estas premonitorias entrañas del mundo, sentí un escalofrío.

Llegamos al fondo del cráter principal y encontramos otro más pequeño, de unos veinticinco metros de profundidad, con un sendero muy escarpado que se perdía en su interior. Miguel me preguntó si creía que debíamos descender al cráter y, con una cautela desacostumbrada, surgieron de mi boca estas palabras: «No, Miguel, no creo que debamos bajar ahí.» Miguel se dirigió al camino e inició el descenso. Inspiré a fondo un par de veces y lo seguí. El sendero no sólo era escarpado, sino que estaba cubierto de una especie de arena de lava triturada que a veces se deslizaba en pequeñas avalanchas con sólo dar un paso. Sabía que sería difícil subir por este camino, donde parecía que el abismo todo lo atraía. Incluso comenté a Miguel que ese lugar me recordaba a un hormiguero de hormigas-león y que nosotros éramos las hormigas. Llegaron unos cuantos alumnos y empezamos una ceremonia.

La ceremonia terminó de un modo bastante brusco cuando Miguel dijo que era hora de volver. Unos cuantos miembros del grupo empezaron a buscar piedrecitas para llevárselas.

Miguel emprendió la subida, se volvió hacia mí y me dijo:

—Avisa a los demás. Tenemos que irnos.

Empezó a subir con dificultad y yo volví para reunir al resto del grupo.

Tras una ascensión agotadora bajo un calor sofocante, encontré a Miguel echado en una roca grande en lo alto del cráter pequeño. Me hizo un gesto para que me acercara y me indicó que quería decirme algo al oído. Supe que pasaba algo. Estaba muy pálido y le costaba respirar. Lo que escuché me dejó helado.

—No tengas miedo, David —me susurró Miguel—. Estoy sufriendo un infarto. Me duele mucho el pecho y el brazo izquierdo. Si no salgo de aquí, moriré. No lo expliques a los demás porque se asustarán. Si consigo llegar junto a Gaya, ella podrá ayudarme. He intentado curarme, pero aquí no tengo la energía para hacerlo. Tenemos que irnos de aquí.

Me invadió el temor mientras tomaba conciencia de lo que estaba diciendo. Le pregunté qué quería que hiciese. Dijo que le ayudara a salir andando del cráter cuando hubiera recuperado fuerzas.

—Aunque quizá no lo consigamos, debemos intentarlo.

E iniciamos los ocho kilómetros más increíbles de mi vida.

La mayoría del grupo se había adelantado y no era consciente de nuestras penalidades. Cinco mujeres y yo éramos los únicos que quedábamos para ayudar al maestro si se sentía demasiado débil para caminar. Ellas no tardaron demasiado en darse cuenta de que Miguel se encontraba muy mal. Tenía que pararse, sentarse y descansar aproximadamente cada cien pasos, dados con grandes esfuerzos.

Cada vez que Miguel no podía avanzar, las mujeres lo rodeaban, le tomaban las manos o los pies, le mandaban su amor y su energía, y rezaban por su vida. Yo captaba energía del Sol y la dirigía al corazón de Miguel.

Aproximadamente a mitad del camino, Miguel se detuvo, se sentó y miró al vacío del cráter oscuro. Su rostro era tan blanco como las nubes que avanzaban despacio por el cielo azul hawaiano. Estaba frío y sudado a la vez. Su respiración era superficial e irregular. Mi profesor se estaba muriendo. Cuando le miré a los ojos, sentí algo que cambió mi vida para siempre. Noté su éxtasis. Percibí su dicha y su amor. Mi temor a la muerte, la suya y la mía, se desvaneció. Me senté dichoso junto a Miguel y cinco mujeres hermosas que se habían convertido en ángeles vivientes. Con los ojos brillantes y llenos de gratitud, percibí sólo amor donde antes había miedo y desolación. Miguel empezó a recuperar el color.

Retomamos el camino otra vez y me sentí obligado a «empujar» a Miguel fuera del cráter. Extendí una mano hacia el Sol y coloqué la otra en los riñones de Miguel. Le pedí que se recostase en ella y me permitiera empujarlo en la ascensión. La caminata se volvió de repente menos difícil para el cuerpo y el corazón de Miguel. Cuando nos acercamos al borde del cráter, la energía de Miguel parecía reforzarse. Nos hizo una última petición. No quería que, en ninguna caso, lo lleváramos al hospital. Aunque Miguel había sido doctor en Medicina y cirujano en México, sabía que podía curarse mucho más deprisa con el uso adecuado de la energía que con cualquier cosa que pudieran hacerle en el hospital. A las dos semanas de su infarto, Miguel se había curado por completo.

Mi profesor me ha enseñado que no hay nada que temer de la muerte del cuerpo humano. En el sueño del planeta, hay nacimiento y muerte, y la «vida» es el infierno que vivimos entre ambas cosas. En el viejo sueño, envuelto en un contexto de temor, nacer es siempre una sentencia de muerte y de desesperación. Fuera del sueño, sólo hay amor eterno, un amor tan exquisitamente completo que es el otro nombre que recibe Dios. También es nuestro otro nombre, nuestro verdadero nombre.

La visión de Gaya durante el infarto de Miguel

«Todos somos huevos. He descubierto que el proceso de reproducción es el mismo en todo el universo. Todo está en un estado constante de reproducción, en todos los niveles. El universo es un huevo lleno de todas las clases de energía que existen en este sueño que llamamos vida.

»En Hawai, mientras Miguel sufría un infarto dentro del cráter, yo estaba arriba, en el camino. Sentí un espasmo en el útero y me desplomé sobre una piedra. Enfrente de mí, vi una depresión en las rocas. Levanté la vista al Sol y noté que una fuerza de energía me traspasaba, desde aquella depresión hacia el cielo. Di a luz toda esa energía... allí mismo. Di a luz un huevo de energía para Miguel.»

Cuando estamos muertos tenemos alas

Cuando estamos muertos
somos como la serpiente,
que se desliza por la tierra,
la tierra del dolor emocional.

Pero cuando despertamos,
las alas de nuestra divinidad se abren
y nos convertimos en la Serpiente Emplumada
que vuela hacia el cielo:
Quetzalcóatl.

Miguel Ángel Ruiz

10

El camino de la muerte en Teotihuacán

En uno de mis primeros viajes a Teotihuacán tuve un sueño en la plaza del templo de Quetzalcóatl. Los aprendices que me acompañaban estaban ocupados en un ritual que había dirigido para ellos. Me senté solo en la «isla del Infierno», que ocupa el centro de la plaza.

En mi sueño, estaba con unos ancianos que habitualmente aparecían en mis visiones. Eran unos hombres enjutos de carnes y de cabellos canos, de la India. Vi a un hombre que se estaba muriendo. Estaba conmigo. Era uno de los guías de mis sueños. Su profesor le ayudaba a morir.

El profesor tenía una visión dual de ese lugar y del espacio que sucede a la muerte. Oía cómo el profesor explicaba el tiempo y el Ángel de la Muerte. Le indicó al hombre que su único modo de trascender era rendirse por completo al Ángel de la Muerte. La única razón de su sufrimiento era que se resistía al Ángel de la Muerte.

Eso es cierto para todos nosotros. Sufrimos cuando tenemos miedo de perder lo que somos y lo que tenemos.

El profesor me dijo:

—Está llegando el momento. Ésta es la última vez que estarás aquí con un cuerpo humano. Pero tienes que terminar todo lo que has dejado por hacer en tu sueño de la vida. El Ángel de la Muerte volverá en el momento exacto para llevarte a conocer tu destino, pero te enviará un mensajero, y será alguien como tú que se ha rendido por completo y ha entrado en el Paraíso para comer la fruta de la eternidad. Será como un matrimonio con tu Creador. A partir del momento en que comas la fruta, tus ojos sólo verán belleza y sólo experimentarán el sentimiento del amor.

El Ángel de la Muerte vino con otro ser humano, una mujer sonriente en estado de éxtasis. La trajo en silencio y la dejó allí.

—El Ángel de la Muerte no vino a llevarte con él —dijo el profesor—. Volverá muy pronto. Te volverás como la mensajera.

Ver a esta mujer, radiante de alegría, felicidad y amor por todo, hace que desees morir de inmediato, pero el Ángel de la Muerte te dice que disfrutes la vida, disfrutes la agonía y disfrutes la muerte.

Vi a un hombre fuerte sentado en una silla con una espada en la mano. Detrás de él había un portal con una espiral de luz. Podía ver la noche y las estrellas. En el centro de la espiral había una roca poderosa, sagrada, que era el Árbol de la Eternidad.

El guerrero allí sentado vigila el portal. Lleva la espada de la justicia y la verdad. Corta los restos de lo que no es amor de todo el que pasa al lado de él. La espada es la purificación última.

Creo que este personaje es el arcángel Ariel. La espiral es el mismo símbolo que el del Jardín del Edén.

Mi mensaje era:

—Te queda poco tiempo. Has tenido el suficiente para rendirte. Deja que todos los que te aman sepan que los amas. Puede que no vuelvas nunca, pero no deben preocuparse. Estarás en un estado de felicidad. —Llegado el momento, los ojos del Ángel de la Muerte penetrarán totalmente en los tuyos. Te concederá un instante o dos para rendirte. Luego, caminará hacia ti y tu cuerpo estará muerto, pero serás consciente de sus ojos. Sentirás la conmoción, pero te sentirás feliz y en éxtasis.»

El Ángel de la Muerte hizo con exactitud lo que el profesor había dicho. Se volvió y me dirigió una hermosa sonrisa. Cuando dio un paso hacia mí, fue como si me quitaran un peso de encima. En cuanto estuvo frente a mí, me dijo:

—Ven conmigo. Ha llegado tu hora. Voy a llevarte a tu boda.

Me llevó hacia el guerrero.

—Éste es el momento de tu despertar —dijo éste—, de tu resurrección. Vuelves a la vida. Vivías en una pesadilla y ahora eres consciente de quién eres en realidad.

Me pasó la espada por detrás del cuerpo y, después, por delante.

—Ve y cumple tu destino —dijo—. Es el día de tu boda.

Floté por encima de la espiral hacia el árbol. Después, me casé con el espíritu de Dios. Para mí, esa espiral es la serpiente bicéfala.

Tras conocer ese sueño, no temo a la muerte. Como guerreros, mucho antes de que nuestro cuerpo muera, empezamos a llegar a ese lugar de felicidad al rendirnos a la muerte. Morimos todo el tiempo, con

cada pérdida. La muerte es una ilusión. Vivir siempre el presente es la eternidad.

Nuestro temor a la muerte es también una ilusión. Toda pérdida conlleva la llegada de algo nuevo. Si nos resistimos a ella, estamos muertos. Permanecemos asidos al pasado y no vivimos el presente. Sufrimos porque tememos desprendernos de las cosas. Sólo vemos la injusticia. Cuando nos rendimos, sentimos la alegría de explorar. La felicidad es no saber qué esperar.

En mi sueño, descubrí qué información está almacenada en las piedras de Teotihuacán. La visión surgió de mi comunión con ellas. Estoy seguro de que no soy el único que ha tenido esa visión.

Mi visión aclaraba por qué los fundadores que erigieron Teotihuacán optaron por esas estructuras. De repente, el plano del lugar pareció tener sentido. Ese lugar simbolizaba el sueño entero de la humanidad. Nuestras ataduras son las mismas en todo el mundo.

Cuando practicaba la medicina en un hospital del desierto tuve un profesor. Me abrió a este tipo de sueños. Me enseñó que sólo soy una vibración. Puedo captar la vibración de las piedras o de otras personas. Mis aprendices intentan captar mi vibración.

Al saber que el Ángel de la Muerte nos lleva hacia la dicha, queremos apresurarnos a morir, pero cuando aprendemos a alcanzar el cielo en la Tierra, ya no tenemos prisa. Cuando nos casamos con Dios, estamos en un estado de eterna luna de miel. Incluso la respiración es gozosa si se realiza conscientemente. ¿Cómo puede nadie ser infeliz cuando experimenta el placer de respirar dieciséis veces por minuto? Ser uno mismo es ser eterno si se vive el presente.

Desde el infierno, sólo podemos ofrecer infierno.

No podemos amar a nadie hasta que nos amamos a nosotros mismos. Para ser feliz, no debemos juzgarnos. La perfección es eso.

I. El Templo de Quetzalcóatl

Miguel advierte que, al empezar el viaje a la pirámide de Quetzalcóatl, habría que informarse sobre este lugar y visitarlo mentalmente. Lawrence Andrews (*Magical Blend*, núm. 47, 1995, p. 25) explica su viaje con Miguel por el «camino de libertad» que empieza en la Ciudadela de Quetzalcóatl, donde «se enseñaba la maestría del conocimiento a través de la danza y del drama».

La plaza del templo de Quetzalcóatl es la cabeza simbólica de una serpiente que da a la pirámide de Quetzalcóatl, que se eleva tras el templo. En los escalones que ascienden al templo puede verse su boca abierta. Este recinto está dedicado a la Serpiente Emplumada y al planeta Venus, la diosa del amor.

En Mesoamérica, Grecia, Egipto y Roma, Venus es la diosa del amor. Es la estrella matutina y vespertina, según la época del año. Los habitantes de Teotihuacán medían el tiempo mediante la coordinación de los movimientos cíclicos de Venus con los de la Tierra y la Luna.

Miguel ha percibido, entre el templo y la pirámide de Quetzalcóatl, una línea que separa lo humano de lo divino. La pirámide no es visible desde la plaza de este recinto, pero sí desde lo alto del templo erigido frente a ella (si fuera posible subir los escalones que conducen arriba): de repente se ve la pirámide y uno tiene una sensación física de sobrecogimiento absoluto.

La estructura de la pirámide la constituyen varios cuerpos y en la fachada aparecen relieves de la cabeza de la Serpiente

Emplumada, del jaguar y de Tláloc, el dios de la lluvia, con sus ojos desorbitados. Una cenefa de ondas y moluscos identifica el lugar con el agua y la serpiente. Su superficie está formada por grandes bloques de piedra unidos por argamasa, rodeados de hileras de rocas más pequeñas que forman un diseño gráfico. Este estilo impera en todo el emplazamiento de Teotihuacán.

Las propias piedras parecen reflejar el amor que representan estas estructuras, y que es superior al humano. Miguel lo describe como «Cristo en las rocas». Siente una sensación de identificación total con la baja vibración de energía que conservan las piedras tras los siglos que han pasado desde la construcción de Teotihuacán.

La pirámide de Quetzalcóatl representa el espíritu de Dios. El área abierta de la plaza representa la mente humana. El infierno sólo existe en nuestra mente. Es una ilusión, que arranca del temor. En el infierno sólo hay injusticia. El infierno se vive como el veneno emocional de la cólera, la envidia y la codicia.

Ni nuestro cuerpo ni nuestra alma tienen un infierno. Reaccionan a lo que la mente encierra. Si nuestros ojos son de cólera o de tristeza, nuestra visión será distorsionada. Los ojos del amor lo vuelven todo hermoso. Nuestros ojos están dominados por el modo en que juzgamos.

Nuestra primera tarea en la Calzada de los Muertos es renunciar al juicio todo lo posible y anular la Víctima que alberga nuestra mente.

Frente al templo principal se alza una pirámide pequeña, un templo bajo a modo de plataforma. En los mapas, recibe el nombre de Ciudadela, pero para Miguel es la isla del Infierno, en el océano del Infierno. El océano encierra todos los temores a lo desconocido, y nuestros temores son nuestro sueño del infierno. Nuestro sueño da forma a las películas interiores que están en nosotros. Somos el productor, el director y el protagonista de estas películas repletas de temor.

En la isla del Infierno, tenemos la ilusión de estar seguros. Es un lugar de la mente en que reunimos todo lo que nos pertenece. Pensamos: «Ésta es mi familia, mi casa, mi dinero, mi coche, mi carrera, mis logros», y nos sentimos cada vez más seguros conforme hacemos mayor esta isla, con más y más ataduras a nuestras pertenencias. Pero la isla está gobernada por el temor a la pérdida de cualquier cosa que apreciamos.

Envidiamos las islas de los demás, sin darnos cuenta de que estamos atrapados en el infierno de sus zonas de seguridad. Cada uno de nosotros está atrapado por las ilusiones que hemos acumulado en nuestras islas.

Sólo hay un modo de escapar de la isla del Infierno, y es cruzar el océano del Infierno y llegar a la serpiente en las escaleras del templo de Quetzalcóatl. Este templo es la salida del infierno. Es el único sitio de este emplazamiento donde el diablo, otra ilusión, existe. Hay templos pequeños situados a los cuatro lados de la plaza. La pirámide protege el este. Los templos que rodean la plaza son los guardianes que custodian al diablo que han creado nuestras pesadillas.

Se requiere valor para desligarse de todo y enfrentarse al temor. Esto es una verdad en todas las tradiciones del mundo. Los demonios que se observan en el exterior de las iglesias cristianas representan los temo-

res que dejamos atrás cuando entramos en el santuario. En los cuentos de hadas, el héroe debe vencer a un demonio o a un dragón para hacer posible un final feliz. Para alcanzar la dicha, tenemos que rendirnos al Ángel de la Muerte, y abandonar las ilusiones de lo que creemos ser. Nuestras ilusiones forman nuestro infierno.

El infierno es el lugar de los fantasmas; sólo ellos habitan en él. Los fantasmas tienen la sensación de estar vivos. Vivir en el infierno es ser uno de ellos. Paradójicamente, tenemos que morir a nuestra vida anterior para escapar del infierno. Morir nos conduce a la claridad. Advertimos que lo que creíamos real era tan sólo una ilusión. Algo similar al concepto indio de *maya*.

Cada persona tiene el cometido de crear un lugar privado y sagrado que esté más allá del infierno y de los temores que le inculcan la sociedad y la religión, y de los que adquiere en su proceso de culturización familiar. Miguel vaticina que, en los próximos años, serán los propios individuos quienes lo lleven a cabo, sin la intercesión de ningún sacerdote o Iglesia. Su enseñanza es una preparación para los tiempos que se acercan, cuando los seres humanos deberían crear su propia vía hacia Dios.

De regreso de Teotihuacán, Miguel lleva a sus grupos de alumnos a una iglesia y relaciona esta visita con la que hicieron al templo de Quetzalcóatl. La gente va a la iglesia y mira hacia el altar, buscando a Dios. Quiere escapar del infierno de sus pecados y sus heridas. Puede lograr liberar algo de su veneno emocional, pero rara vez se libera del miedo porque las religiones actuales son sistemas que generan temor. En cierto modo, nuestras religiones aceptan la idea de que éste es un lugar infernal. Podemos constatarlo en la extendida creencia de que el cielo está en otro lugar, en un estado de libertad de juicio y de paz fuera del planeta. El castigo temporal en la Tierra y la amenaza del castigo eterno hacen que el cielo parezca inalcanzable para la gran mayoría de nosotros.

El temor gobierna el infierno. El Juez es uno de sus grandes demonios. La Víctima es otro. Pero el mayor de todos es nuestro sistema de creencias, que realmente gobierna el modo en que soñamos.

Nos encontramos en la isla del Infierno porque tenemos miedo a soltar nuestras amarras. La isla del Infierno está en la plaza de la pirámide de Quetzalcóatl en Teotihuacán, pero Teotihuacán no es sólo un emplazamiento sagrado de México, pues representa al mundo entero.

Se puede crear un sustitutivo de la plaza de Quetzalcóatl preparando un altar en casa, que hará las veces de salida del infierno. El significado real de cualquier altar es sugerir una vía hacia Dios. Cada altar puede ser una salida del infierno y un camino hacia Dios. El altar en la iglesia es también el ojo de Dios, como lo es la pirámide de Teotihuacán. Un altar es ese lugar donde sientes que Dios observa lo más profundo de tu alma.

La ceremonia:

Para efectuar esta ceremonia, encuentra un lugar natural donde te sientas conectado con la Tierra y desde donde puedas ver el cielo. Encontrarás el lugar perfecto para celebrar tu ceremonia. Podría ser en una

montaña o junto al mar, o simplemente en tu jardín o en un parque.

Camina por tu océano del Infierno y recoge siete guijarros con la mano izquierda. Representan las cosas materiales que has reunido en tu isla del Infierno.

Recoge siete piedras con la mano derecha. Representan tus ataduras emocionales.

Siéntate en silencio y recuerda las muchas cosas de la vida que te vinculan al infierno.

Cuando estés a punto, levántate. Di una oración a tu ángel particular pidiendo a este ser divino que tenga vida en ti.

Lo único que te mantiene en el infierno son tus ataduras. Cuando te sientas lo bastante fuerte para renunciar a ellas, estarás preparado para continuar con la ceremonia.

Ve soltando las piedras de las manos a medida que visualizas que te desvinculas de esos lazos materiales y emocionales que te mantienen en el infierno.

Durante un momento sentirás una nueva libertad, pero después verás que sigues en el mundo material. Sin embargo, en tu interior habrá una nueva conciencia. Serás consciente de que has muerto al sueño del infierno. Lo sabrás.

Imagina que caminas por el océano del Infierno sin peligro.

Frente a ti están los escalones del templo de Quetzalcóatl. Siente la conexión con Dios que hay ahí.

Cuando sales del infierno, entras en el espíritu de Dios, en lo divino, o como tú prefieras llamarlo.

En efecto, con esta ceremonia, has muerto a tu vida anterior; pero puedes repetir la ceremonia muchas veces en tu camino personal hacia el cielo en la Tierra.

II. Cruzar el río de la Muerte

Una vez que hemos elaborado el inventario inicial de nuestro sistema de creencias y hemos intentado zafarnos de nuestras ataduras materiales y emocionales estamos dispuestos para salir del infierno y recorrer el cuerpo de la serpiente.

Hay que salir de la plaza de la pirámide de Quetzalcóatl e ir hasta la Calzada de los Muertos, y doblar luego a la derecha. Enseguida se llega al río San Juan, conocido como el río de la Muerte. Quienes erigieron Teotihuacán modificaron el curso de este río para que cruzara perpendicular a la Calzada de los Muertos.

Se supone que como buscadores espirituales no hemos llegado a una comprensión perfecta de nuestra muerte, pero hemos cruzado una línea. En cuanto tomamos conciencia de haber muerto en el mundo de ilusión, no podemos volver a la ignorancia.

La ceremonia siguiente es la segunda fase del proceso de ser engullido por la serpiente.

La ceremonia:

Imagina que llegas al Averno como un difunto. Sólo quienes son conscientes de estar muertos pueden cruzar el río. Vas a cruzar el río de la Muerte, que equivale al río Estigio de Hades de la mitología griega, que el barquero Caronte cruzaba para transportar de una a otra orilla las almas de los fallecidos. Tu paso por el río es parecido a los tres días de Jesús en el sepulcro, o al tiempo que Odín estuvo colgado en el Árbol de la Muerte.

III. El lugar de la Tentación

La tercera fase del viaje es la ceremonia en el lugar de la Tentación, que se celebra en el pequeño templo que está ubicado en el centro de la primera plaza al norte del río San Juan. Para llegar a esta plaza, hay que sobrepasar la escarpada pared que cruza la avenida y bajar hacia la hierba que la cubre. El templo está un poco más adelante. Una vez allí, hay que ascender la escalinata hasta el cuerpo superior de la base del templo, que está cubierto de tierra y de unas cuantas piedras y malas hierbas. La estructura del propio templo, fuera la que fuese, debió de ser de madera y hojas de palmera. El material con que fue construido el templo no sobrevivió al tiempo, pero su espíritu permanece.

Miguel llama a este templo la isla de la Tentación. En él, se puede adoptar el papel de guerrero espiritual para romper las ataduras que aún se resisten.

Antes de celebrar la ceremonia, tranquilizaremos la mente y revisaremos nuestro progreso. La tentación de permanecer en el sueño del infierno es fuerte. Aunque, como peregrino, ya hayamos intentado liberarnos del temor, en el lugar de la Tentación volveremos a reflexionar sobre la relación entre el sueño, la muerte y una vida en perfecta libertad. ¿Hay algo que nos retenga y nos obligue a aferrarnos al sueño? Consideraremos esta pregunta en silencio.

La ceremonia:

Ríndete a la muerte. Libérate. Lo pasado está muerto. Vivimos el momento. Lo más probable es que el Ángel de la Muerte nos traiga algo mejor que lo que le hemos entregado. Él está permanentemente detrás de nosotros, devorando el momento que acaba-

mos de vivir y haciendo posible que avancemos sin cesar hacia el futuro. Sin embargo, debemos tomar conciencia del espacio de tiempo que hay entre el pasado y el futuro, y concentrarnos en él.

Estamos en un punto fundamental de nuestro viaje. La serpiente no nos dejará seguir adelante hasta que logremos rendirnos a la muerte.

Reza una oración a la madre Tierra y ofrécele tu carne y tus huesos.

Ofrece también la carne y los huesos de todos tus antepasados. Al hacerlo, les das la oportunidad de evitar volver al infierno. De este modo, los vivos pueden hacer un regalo a los muertos.

Pide a la madre Tierra que acepte tu carne y tus huesos como un sacrificio para purificar el bosque y las piedras.

Cava tu propia tumba en la tierra usando una piedra a modo de pala. Si no puedes ir a Teotihuacán, celebra esta ceremonia en cualquier terreno cercano. Señala tu tumba con una piedra. Reconoce que tú, como te conocías antes a ti mismo, has muerto.

Esta ceremonia puede celebrarse en el lugar apacible que elijas. Usa un cristal para representar tu cuerpo. Cava una «tumba» pequeña en la tierra y entierra el cristal. Tápalo bien. Reza por el cristal como si fueras tú mismo. Incluye a tus antepasados en tus oraciones. Extiéndelas a la propia Tierra.

Más adelante, cuando te sientas abrumado por los problemas, regresa a tu «tumba» y recupera la paz de saber que has muerto a la tentación y que eres libre de seguir adelante. Tu tumba se convertirá en una fuente de fortaleza. Recuerda que has muerto. No tienes que sufrir por los hechos o las personas que siguen tentándote.

El lugar de la Mujer

Antes de dejar la plaza, hay que hacer un descubrimiento. A la izquierda, donde las mujeres subieron, hay un templo que no revela su importancia a nivel del suelo. Hay que rodear la plataforma hacia la parte posterior para explorar las profundidades ocultas de este recinto al que Miguel llama el lugar de la Mujer.

Miguel ha conocido en visiones que las mujeres que llevaban una vida impecable eran elegidas para vivir en este recinto. Frente a este lugar, también había hombres cuya vida estaba dedicada a la pureza. Ambos grupos eran guerreros espirituales.

El templo escalonado del lugar de la Mujer está por debajo del nivel del suelo. Las caras de estos escalones eran lisas y estaban pintadas de un color rosa vibrante. Las paredes de la estructura subterránea también estaban pintadas de rosa, como todavía puede verse.

En el templo, las mujeres celebraban sus menstruaciones y ovulaciones. Rezaban a la Luna, que es un espejo que a diario cambia de tamaño, y refleja una cantidad distinta de luz y que, así, regula los ciclos vitales de la Tierra y también los ciclos hormonales de la vida de una mujer. Por lo tanto, las mujeres son sensibles a esta luz. Muy a menudo, entre los pueblos primitivos, la luna llena era la señal de la ovulación y la luna nueva era el momento en que se iniciaba el período menstrual. Tras meses de vivir juntas, los ciclos de las mujeres tienden a armonizarse. Eso sigue siendo así para las mujeres que comparten residencia y en situaciones de estrecha convivencia.

La mujer que se rendía a una vida compartida en

este recinto tenía el propósito de convertirse en la diosa. Aumentaba su dignidad y su amor. Su propósito no era procrear. Algunas de estas mujeres, quizá la mayoría, entraban en el centro espiritual después de que su vida como madre y esposa acabara. Éste era el lugar para la trascendencia y el crecimiento espiritual.

En este lugar se conservan dos signos extraordinarios de energía espiritual. Bajo una trampilla de metal que puede levantarse, hay un pozo profundo que parece un oscuro túnel vertical. Del pozo sale una ráfaga de aire terrenal. Los arqueólogos extrajeron un gran cristal de su base. Este pozo es la vagina y es un canal del parto espiritual que va directo al útero de la madre Tierra.

En las esquinas de la plaza, hay una cabalgadura en la parte superior del muro que se usaba como ducha, a la que se conducía el agua desde arriba. Algunas mujeres sangran después de pasar un rato cerca de allí. La energía espiritual del recinto es tangible.

Las mujeres que habitaban en él pasaban mucho tiempo venerando a la madre Tierra. Ejercitaban la disciplina espiritual necesaria para transformarse a un nivel personal, pero todo el recinto es, asimismo, símbolo de un proceso universal.

El universo está en un proceso de eterna reproducción. Cada planeta es, a su vez, una madre que colabora en él. Descodifica información del Sol que le ordena que cree vida. Los mensajeros de Dios, los ángeles, traen la información a la Tierra. La luz y los ángeles son la misma cosa.

La madre Tierra recibe el mensaje en la luz que llega del Sol, y recubre «el huevo del alma» con un cuerpo humano. Dentro del huevo está la luz del espí-

ritu, el ángel luminoso que ha enviado el Sol. En realidad somos la reproducción de ángeles o, lo que es lo mismo, la reproducción de la luz del Sol. Cada uno de nosotros es un ángel que crece en un huevo, que es el alma. Al mismo tiempo tenemos un huevo exterior lleno de espíritu que conecta con todo el cosmos. También somos una forma material de nuestro cuerpo.

Podría decirse que el ADN, la información básica de la vida, es luz condensada. La Tierra, la madre, traduce el ADN en todas las formas de vida. Cada forma de luz tiene su vibración específica de luz. Una de estas vibraciones de la luz solar corresponde a los seres humanos. El ADN es un paquete de información de la luz solar. La Tierra lo recibe, lo modifica y lo transforma. El lugar de la Mujer refleja este proceso esencial.

La ceremonia:

En este lugar, las mujeres efectúan una ceremonia de aceptación. Pueden celebrarla en grupo o individualmente.

Para estimular tu conexión con el lugar de la Mujer, pon frente a ti unos cuantos objetos que simbolicen la belleza de lo femenino, como una estatua de una diosa o de la Virgen. Una fotografía de tu boda, fotos de tu marido y tus hijos, una vela encendida y tal vez una flor convertirán una mesa cercana en un altar. La razón de usar estos elementos sacramentales es crear la sensación de un lugar sagrado.

Con los ojos cerrados, acepta la Diosa que hay en ti.

Acepta la mujer que eres.
Acepta la niña que fuiste.
Acéptate a ti misma como esposa.
Acéptate a ti misma como madre.
Acéptate a ti misma como Diosa.

Acéptate tal como eres. Eres el ser que es la mitad de la reproducción de la vida. Eres la que contiene el fuego. Eres la que tiene la sensibilidad de entregarse totalmente al novio en tu matrimonio con Dios en la vida eterna.

IV. El lugar del Agua

Remontando el siguiente muro escalonado hacia la segunda plaza que no incluye templos en su interior, se llega al lugar del Agua.

Aquí la mente se dividirá. El alma absorberá las emociones que surgen del amor y las que surgen del temor regresarán al infierno.

En el sueño de Miguel, el guerrero guardián del Paraíso le corta al espíritu muerto las emociones de temor que aún conserva y le permite entrar en la espiral que conduce al Árbol de la Eternidad. Este tramo de la Calzada de los Muertos se hace eco del sueño de Miguel. Recuerda el bautismo, cuando el alma renuncia a Satán. Simboliza la confianza total en Dios. En la herencia cristiana, Jesús se convierte en Cristo mediante el bautismo. El lugar del Agua ofrece un resultado similar.

Nuestro pensamiento suele estar fuera de control, como un caballo salvaje. En el lugar del Agua, entregamos nuestra mente. Ahora ya no nos sirve de nada.

La información que necesitamos está en el alma. Después de haber celebrado esta ceremonia, no precisamos pensar del modo habitual nunca más.

El conocimiento es la descripción del sueño del infierno. Es nuestra última barrera porque describe una ilusión. Intentar «conocerlo» todo es lo que frena nuestro progreso hacia el cielo en la Tierra. La sabiduría nos conduce hacia delante. Una vez que liberamos el conocimiento, ya no queda nada por defender. La verdad de todo el mundo se vuelve válida. Eso es la sabiduría.

La digestión de la serpiente sigue disolviendo todas las partes de nosotros que no son esenciales. Nos convertimos en un ángel que sólo necesita la energía del amor para crecer.

La ceremonia:

Visualiza que estás junto a una gran charca de agua. Recuerda que aproximadamente un setenta por ciento de tu ser es agua. Recuerda también que todas tus emociones son como un océano del Infierno que ahora es cristalino. Imagina que Jesús o Buda son un océano vivo de amor. Conservan sus cuerpos, pero se han liberado por completo de las expectativas de los demás. Están libres de temores y henchidos de amor. Ambos simbolizan el futuro que nos aguarda.

Toma conciencia de ti mismo como un alma recubierta de un huevo. Al huevo lo cubre tu mente, que es la suma total de todas tus emociones. Abandonas gradualmente tu cuerpo, así como las emociones basadas en el temor que te atan a tu cuerpo. Devuelve

cualquier vestigio de emoción negativa al océano del Infierno en la plaza de Quetzalcóatl.

Reza a la madre Tierra y ofrécele el agua de tu cuerpo. Pídele que, si es su voluntad, use el agua de nuestro cuerpo para purificar toda la que contaminamos cuando vivíamos en el infierno: la lluvia, la nieve, los lagos, los ríos, los mares...

Miles de personas celebraron la ceremonia del agua en Teotihuacán en el pasado y, durante mucho tiempo, ese lugar fue realmente el cielo en la Tierra.

Cuanto termines la ceremonia, considérate un ángel o un rayo de luz.

V. El lugar del Aire

A lo largo de las cornisas de la tercera plaza está el lugar del Aire. Tiempo atrás había aquí una escuela y viviendas. También es el lugar del Alma. El símbolo de este lugar, que significa la ascensión del alma, es un huevo del que sale la cabeza de un aguilucho. Podemos encontrar este mismo símbolo en todo el mundo. Una vez que hemos cambiado y abandonado los temores, las emociones del infierno, la mente y el cuerpo, prácticamente ya sólo somos alma. Hemos ido más allá de la polaridad. El proceso de digestión termina aquí.

La ceremonia:

Respira profundamente y siente cómo el aire entra y sale de tu cuerpo. Recuerda tu primera respiración. Respirar es una forma de comunicarse con Dios. Reza una oración a la madre Tierra y ofrécele tu últi-

mo aliento para limpiar su atmósfera de toda contaminación.

Recuerda que debes estar agradecido por tu respiración. A medida que aprendes a vivir el momento, vas tomando conciencia de tu respiración y te resulta más fácil concentrarte en ella durante la meditación. Antes de dejar el lugar del Aire, reflexiona sobre tu respiración y da gracias por ella.

VI. El lugar del Fuego

Saliendo de la tercera plaza, accedemos a la cuarta. Es el lugar del Fuego. En él se libera el espíritu. Nos convertimos en una unidad y hallamos nuestra divinidad.

Esta plaza es equiparable al chakra del corazón en el sistema indio. Es el centro de energía del corazón.

La ceremonia:

Sitúate en el lugar del Fuego y celebra la ceremonia en tu mente.

Todos los hombres del grupo deben subir al pequeño templo que se alza frente al lado este de la plaza.

Todas las mujeres deben ascender al templo occidental.

Dedica un rato a sentir la naturaleza masculina y femenina que identifica la forma física que habitas en esta vida.

Reconoce que el sexo contrario forma parte de tu naturaleza, tu personalidad, tu subconsciente y tu mente interior.

Desciende del templo y, todos reunidos en el centro de la plaza, intercambiad abrazos con las personas del sexo contrario. Notad una sensación de unidad con los demás y con vosotros mismos.

Para que este viaje tenga éxito, cada participante debe alcanzar un sentimiento de amor incondicional por sí mismo y por los otros. Esta ceremonia de aceptación contribuye a salvar la distancia que suele separar los dos sexos y reduce la polaridad de las relaciones interpersonales.

También se supera la dualidad más profunda que separa lo divino de lo animal que hay en cada uno de nosotros. Has salvado esa distancia, y ahora el tú que existe ya no es un animal sino un espíritu puro. Estás creciendo en tu interior como ángel.

Puedes celebrar una ceremonia similar junto a alguien del sexo contrario. Cada uno de vosotros meditará sobre la polaridad del aspecto masculino y femenino de su persona. Salvad la distancia interior que separa vuestra naturaleza masculina y femenina. Después, compartid vuestras experiencias.

VII. El lugar de la Recopilación

Se llega a la siguiente plaza, en la que no hay ningún templo. Se trata del lugar de la Recopilación. Todas nuestras vidas pasadas se funden en una. El ángel de nuestro interior crece y crea un doble etéreo de nosotros, que, a su vez, será quien canalice todos los temores restantes. Por su parte, el ángel se convierte en una unidad con el universo.

La ceremonia:

Cierra los ojos y camina por la hierba de la plaza dejándote guiar por la confianza. En estos momentos, proyéctate tan lejos como te sea posible y tendrás la sensación de ser un gran espíritu que ya no está dividido, sino conectado con todo lo que hay en el universo.

Tu cuerpo luminoso debe crecer. Aumenta la percepción de tu cuerpo etéreo. Crea un doble etéreo de ti. Concéntrate en él y pídele que se extienda hasta los confines del universo.

Tu doble etéreo contiene los últimos vestigios de temor que todavía conservas mientras recorres la Calzada de los Muertos. Ahora estás libre de esos temores y totalmente preparado para viajar hacia la segunda cabeza de la serpiente.

VIII. La pirámide de la Luna

Dejando atrás la pirámide del Sol, llegamos directamente a la pirámide de la Luna. Andrews la denomina el lugar del Sacrificio. Debes sentir su energía femenina. Intenta entrar en contacto con el Espejo Ahumado que habita tu propia mente. Cynthia Wootton afirma que la energía es «la suave fuerza del amor que se une a la paciencia, el respeto y la benevolencia, y que nos conduce a través de los laberintos de nuestra mente hacia los océanos del microcosmos que fluyen hacia el infinito».

Como culminación a nuestro recorrido por la Calzada de los Muertos, celebraremos una ceremonia expiatoria.

La ceremonia:

Imagina que tu doble etéreo ha crecido hasta alcanzar el tamaño del mismo universo.

Situado a los pies de la pirámide de la Luna, ofrece tu doble etéreo a la madre Tierra en sacrificio, para obtener tu propia libertad.

Nota cómo se disuelve en el éter que fluye por el espacio.

Cuando tu doble etéreo desaparezca, te hallarás en un estado puro, transformado.

En este lugar, ocupando por completo la plaza, está la segunda cabeza de la serpiente. Sube los escalones de la pirámide, hasta arriba. Una vez allí, medita y reconoce que tu viaje ya casi ha terminado. Tú y tu naturaleza de ángel sois una unidad.

Baja, sabiendo que, al hacerlo, estás saliendo de la serpiente.

Siéntete transformado. Es en este lugar donde uno puede convertirse en maestro de la transformación.

La historia de David Dibble

David Dibble ha tenido la deferencia de escribir el siguiente relato de una experiencia extática que vivió en la pirámide de la Luna.

Miguel, algunos de sus discípulos y yo habíamos estado explorando Teotihuacán, y rebosábamos nuevas perspectivas y experiencias. Al final de la Calzada de los Muertos, entre las poderosas pirámides de Teotihuacán, está la pirámide de la Luna, el femenino puro, la pirámide del amor. Antes de subir los escalones que conducen a lo alto de esta hermosa estructura, Miguel nos enseñó que es tradicional meditar y dar gracias por el amor que vamos a recibir de las piedras esculpidas que forman la pirámide.

Durante mi meditación, sentí tal energía que abrí los ojos y, aun así, seguí meditando. Vi cómo Miguel subía despacio la escalinata hasta el punto más alto posible de la pirámide y se sentaba luego allí con las piernas cruzadas para contemplar Teotihuacán. Mientras continuaba observando a Miguel, su cuerpo empezó a desaparecer en una tenue neblina azul, que se volvió especialmente brillante en el lugar preciso donde Miguel había estado sentado.

Era la luz más divina que jamás había visto. Entonces, sucedió algo que expandió mi conciencia a niveles sin precedentes.

Toda la pirámide de la Luna pasó de ser piedra a ser luz, una vibrante luz azul tan hermosa que sólo fui capaz de sollozar en silencio, rebosante de gratitud por el regalo de esta comunión con el espíritu. Al instante, tuve la experiencia de fusionarme con la luz, de interiorizar la percepción de que sólo había una unidad. La dicha inundó todo mi ser, mientras mi cuerpo desaparecía, transformado en esa luz que era el todo. Cuando mi cuerpo volvió a ser visible, lo mismo ocurrió con el de Miguel. Espontáneamente, elevé las manos al cielo para dirigir un saludo a Dios, un sentimiento que no pude expresar de otra forma. Levanté la mirada hacia Miguel y él tenía también los brazos extendidos hacia el cielo. Éramos una unidad.

IX. El lugar de la Mariposa y el lugar de los Jaguares

Los antropólogos llaman al recinto situado al oeste de la pirámide de la Luna el palacio de Quetzalpapálotl (la mariposa) y el palacio de los Jaguares. Para Miguel, son el cielo de Quetzalcóatl. El palacio de Quetzalpapálotl es un precioso edificio de grandes dimensiones estructurado en plantas que alberga varios habitáculos en los que antiguamente residían maestros de ambos sexos.

Durante el período de sumo desarrollo espiritual de Teotihuacán, los maestros no cohabitaban como parejas sexuales. Habían trascendido su naturaleza física y vivían en un permanente estado espiritual.

Cuando Miguel accede a este conjunto arquitectónico siente su conexión con aquellos maestros. Cree que están vivos y que su energía todavía es perceptible para quienes alcanzan la misma vibración de amor que ellos sentían. Muchos de los discípulos de Miguel se han emocionado al sentir esta energía. Los naguales en formación que son soñadores pueden verlos y soñar con ellos. Los maestros los reciben. Los turistas no perciben las vibraciones del amor en el palacio, pero si uno se sumerge en ese amor, se encuentra en casa. Tenemos una conexión con las propias piedras. Éste es uno de los pocos lugares donde se puede ver el sueño del cielo en la Tierra. Ese sueño se realizó por completo durante más de un milenio en Teotihuacán, hace aproximadamente dos mil o tres mil años.

El sueño también se realizaba en otros lugares. Antiguamente, hará unos cinco o seis mil años, en el Antiguo Egipto había maestros que mantenían el sueño

del cielo. En Grecia, en tiempos de Pitágoras (600-500 a.C.), había una reducida escuela de maestros. Y hará unos mil quinientos años, algunos lamas del Tíbet eran iluminados. El florecimiento de maestros en el Tíbet, Teotihuacán y Grecia tuvo lugar durante la era del Quinto Sol.

La ceremonia de la mariposa:

Si estás en grupo, formad juntos un círculo en la pequeña plaza que está abierta directamente al Sol. Es el lugar de la comunión del amor con el Sol.

Comunicaos con él hasta notar que se establece una estrecha conexión con Dios.

Volveos hacia los demás y abrazaos en el centro de la plaza.

Notaréis cómo la energía asciende desde la base de vuestra columna hasta la cabeza. En la India, esta energía recibe el nombre de «energía kundalini». Al salir del palacio de Quetzalpapálotl, podemos sentir la energía de los primigenios maestros toltecas.

El palacio de los Jaguares se halla contiguo al palacio de Quetzalpapálotl. Contiene la misma energía que la de los avatares que han vivido en la Tierra. Si un seguidor de Buda entra en el palacio con conciencia, percibirá a Buda. Un cristiano percibirá a Cristo. Algunas veces, también los no cristianos le perciben.

El lugar más sagrado de todo el mundo es el acceso al palacio de los Jaguares de Teotihuacán. A ambos lados del vano, unas pinturas que representan penachos de plumas y caracolas, ensalzan el lugar. En él, nos hallamos en presencia de Dios.

Sentimos lo mismo que Moisés cuando, en el monte, recibió los diez mandamientos. En este espacio podemos percibir con nitidez la energía de Cristo.

La ceremonia del jaguar:

Sitúate de pie en silencio frente a este portal. Siente una comunicación con la energía divina que emana del lugar.

La comunicación con esta energía la percibimos siempre a nivel emocional, no con palabras. La experiencia de encontrarnos en presencia de la energía alcanza su punto álgido ante el acceso o junto a él.

Nada más se hace necesario.

X. La pirámide del Sol

Lawrence Andrews ha escrito: «El proceso final del camino de libertad, la maestría del intento, se efectuaba en la pirámide del Sol, un lugar dedicado a trascender los límites de la experiencia humana. Aquí, uno se fusiona con su propio intento (o nagual, como también se llama), con el propósito de pertenecer al Sol» *(Magical Blend)*.

Reservamos la pirámide del Sol para una comunicación directa de la Tierra al Sol. La misión de la pirámide del Sol es ayudarnos a encontrar nuestra vibración personal de luz en medio de todo el río de luz que los maestros ven fluir entre el Sol y la Tierra. Aquí estaremos en comunión con nuestro rayo personal de luz.

Los maestros toltecas ascendían a lo más alto de la

pirámide del Sol, se fundían con su rayo personal de luz, y sus cuerpos prácticamente se desintegraban al elevarse hacia el Sol.

Desde el aire, la pirámide del Sol puede verse como la figura invertida de un hombre, parecida a Jesús en la cruz. La cabeza de Cristo simula la plataforma de la base de la pirámide. Sus brazos se extienden a lo largo de las dos escalinatas del nivel inferior. Su torso es el centro de la pirámide y sus piernas, la parte alta de la escalinata.

La ceremonia:

Antes de subir, el grupo se sitúa en la plataforma que hay frente a la pirámide. Desde allí, dicen adiós a la Tierra.

El nagual presiona los ojos cerrados de las personas del grupo, para que cada una de ellas pueda ver como un nagual. Les pide que encuentren un ritmo personal de respiración y que empiecen a practicarlo.

Las mujeres comienzan a caminar hacia la derecha para rodear la pirámide. Los hombres lo hacen por la izquierda. Generalmente, el lado derecho es masculino y el izquierdo femenino, pero aquí usamos a propósito el lado contrario al de nuestro sexo.

Esta ruta hace que la pirámide despierte.

Mientras caminamos, debemos mirar unos tres pasos más adelante.

Percibiremos tres niveles de energía a diferentes velocidades. Un nivel está en el exterior de la pirámide. Otro se sitúa a lo largo del camino que estamos recorriendo.

El tercero se halla en la propia pirámide. La voluntad de cada uno de nosotros está conectada a la pirámide.

Al llegar arriba, nuestra percepción habrá cambiado.

En lo alto de la pirámide, siguiendo las instrucciones dadas a cada persona, una pareja se sienta en el centro espalda contra espalda y con las rodillas levantadas. Otras parejas miran hacia el interior desde cada lado.

El resto del grupo forma círculos alrededor de estas figuras.

Debemos encontrar nuestro propio silencio interior.

A partir de él, comenzamos a crear las vibraciones de sonido.

Empezaremos a tararear. Se producirá un gran sonido, que no estará organizado. Se trata de intentar convertirse en una unidad y fundirse con la pirámide. Durante esta ceremonia final puede ocurrir cualquier cosa.

Aunque el recorrido por la Calzada de los Muertos de Teotihuacán está concebido para liberar a una persona del temor, siempre reaparece lo que Miguel llama el Parásito que todavía nos conecta con el infierno. Él se ha convertido en maestro, pero sigue viajando a Teotihuacán para limpiar hasta el último rincón de su mente que pueda contener aún el veneno de las heridas del sueño del infierno. Ha ideado una práctica personal nueva que implica realizar el recorrido en sentido contrario, empezando por la pirámide del Sol para regresar, finalmente, al palacio de Quetzalcóatl. Es su forma de desafiarse a sí mismo con un inventario cada vez más riguroso.

A pesar de que el Parásito ya no controla la situación, el guerrero tolteca reconoce la existencia de uno que intenta sabotear el progreso espiritual. Es posible transformar un Parásito en un Aliado. Si eso ocurre, el Aliado facilita el crecimiento espiritual y el guerrero se siente como si emprendiera un comienzo nuevo.

Con la ayuda del Aliado, el guerrero podrá limpiar todas las heridas con total honestidad. No es posible superar este nivel de confianza hasta alcanzar la maestría. Y resulta un proceso doloroso.

II

Los caminos del nagual en el mundo

La maestría del conocimiento silencioso le abre a la persona un canal que le pone en contacto con la energía del nagual, que es un espíritu vivo que habita una extensión infinita del universo. La energía nagual aumenta la conciencia y el intento hasta tal punto que un maestro del conocimiento silencioso puede liberarse del sueño del infierno que controla el mundo, para llenarse de energía amorosa.

Al aprender las maestrías de la sabiduría tolteca, el guerrero espiritual puede sentirse en una trayectoria individual de mejora personal disciplinándose a sí mismo. Podría parecer que el único beneficiario de esta dedicación es el propio maestro. Pero no es así. Una vez que se ha alcanzado un estado de libertad desde la primera atención hasta un estado de amor, la persona es útil al mundo como agente de la transformación. El maestro puede enseñar a los demás a seguir una trayectoria similar siendo, simplemente, una persona en un estado de amor.

Un agente tiene la obligación de cumplir una misión. En este caso, la misión del nagual es practicar todas las maestrías adquiridas durante el aprendizaje y compartir la sabiduría con los demás. Como sucede con levadura en la masa del pan, los maestros naguales contribuyen a una espléndida transformación: la que está teniendo lugar en la Tierra actualmente, desde un nivel dominado por el caos, a otro nuevo de paz y creatividad.

Tras terminar la carrera de Medicina, Miguel tuvo que trabajar en un hospital en el desierto. Mientras permaneció allí, estudió el nagualismo con un profesor inmaterial que le envió su abuelo. Este viejo sabio hizo que Miguel se enfrentara a sus temores en más de un terrible encuentro. En función de esas experiencias, la forma en que enseñaba antes Miguel difiere de la actual. En sus inicios, exponía a sus discípulos a situaciones peligrosas o aterradoras. Luego, Sarita le mostró lo que significa la práctica del amor incondicional y comprobó que el amor es más eficaz que el miedo para desarrollar la maestría espiritual.

El inventario es la disciplina primordial del método de Miguel para cambiar el sueño por un sueño del cielo en la Tierra. El inventario nos permite reconocer nuestros temores sin enfrentarnos a situaciones que nos causen miedo. Es, además, una búsqueda particular. Puede durar cuanto sea preciso y repetirse muchas veces. Incluso, es posible desarrollarlo en sueños. Soñar es nuestra tarea humana. Lo hacemos día y noche. Una de las ventajas de la formación tolteca es que aprendemos a cambiar nuestro sueño.

Miguel instruye a sus aprendices para que se preparen a soñar del siguiente modo:

1. Cuando te duermas, mantén el convencimiento de que puedes controlar tu sueño.

2. Practica el poder de cambiar lo que estás soñando. Tomarás conciencia de que tú eres el sueño y el soñador.

3. Observa que tu cuerpo que sueña es distinto a tu cuerpo habitual.

4. Empieza a soñar con el cielo. Los demonios intentarán detenerte, pero recuerda que estás viviendo el sueño que tú estás creando, de modo que crea el más hermoso posible.

5. Cuando alcances un estado de dicha, te convertirás en el Dios del amor puro. Con amor, te reunirás con Él.

Los alumnos de Miguel se convierten en compañeros de enseñanza. Cynthia Wootton es ahora una nagual que practica las maestrías toltecas. Posee cuatro maestrías en lugar de las tres habituales. La cuarta es la maestría del sueño.

Wootton escribe: «El objetivo de Miguel es ayudar a cuantos seres humanos le sea posible a alcanzar toda la iluminación potencial para que puedan manifestar su poder y, así, crear un mundo interior y exterior de armonía y equilibrio en el modo de vida que cada uno elija.»

Wootton afirma que sus estudios con Miguel le han transformado la vida.

«Dedico mi vida —comenta—, como Miguel y algunos otros, a dar a conocer estas enseñanzas. Estoy absolutamente convencida de que los seres humanos deben evolucionar. Cuando logramos nuestra naturaleza infinita, sentimos una satisfacción tal que nos permite tener una visión del cielo en la Tierra. Miguel, algunos más y yo hemos elegido unir fuerzas en pro de la creación de este nuevo sueño del cielo, tanto para nosotros como para cualquier otra persona que esté preparada.»

En su declaración escrita, Wootton ofrece una nueva interpretación de las maestrías. Con referencia a la maestría del conocimiento, indica: «A medida que evolucionamos, la energía etérea que creamos refleja cualidades más sutiles y variadas de energía espiritual. ¿A qué llamamos energía espiritual? Se trata de esa energía no diferenciada en la que percibimos la unidad con todo lo que nos rodea. La sensación que obtenemos de la experiencia del espíritu es el amor divino, el éxtasis o la libertad infinita. Esta maestría nos impele a elegir para liberarnos de todo lo que nos limita.»

Sobre la maestría del acecho, Wootton explica que es la base del estilo de vida del guerrero espiritual: «Empezamos a observar nuestros pensamientos, palabras o acciones para ver por qué y cómo nos limitamos, sufrimos y sentimos infelicidad.»

Según Wootton, con la maestría del sueño conseguimos controlar la energía que se dedica a soñar esta «realidad inamovible» todos los días. Cuando empezamos a usar la energía etérea a voluntad, «no hay límite para las exploraciones que podemos realizar en otras realidades mediante lo que podríamos denominar el viaje etéreo o astral. Cuando percibimos energía etérea, sentimos una porción mayor de la totalidad de ser que cuando percibimos (sólo) energía física».

La maestría del intento es, según Wootton, «la maestría última... Es la maestría de la totalidad de ser».

Este libro es una herramienta para hacer que se propague aún más la posibilidad de crear un nuevo sueño. Existen en el mundo otras tradiciones y otros profesores que cumplen el mismo cometido que Miguel. Cuando una cantidad suficiente de personas acepte el cambio de la visión del mundo que les permita vivir libres de culpa, juicio, preocupación e infelicidad, toda la Tierra ganará en equilibrio. Las nuevas vibraciones que emitirá entonces la Tierra afectarán a la vibración solar de la luz del Sol y, a su vez, al resto del universo.

El cambio comienza en una sola mente. Y tú podrías ser la persona que favorezca y acelere el cambio hacia la paz en el planeta.

Miguel aconseja a sus aprendices que empiecen a tomar

alumnos propios para enseñarles el arte del acecho y guiarles en viajes a Teotihuacán. De este modo, Miguel aumenta el efecto de sus propias enseñanzas.

Algunas enseñanzas básicas están penetrando cada vez más en la psique de todos los alumnos chamanísticos. El chamanismo ha sobrevivido para este momento de la historia, de modo que los profesores como Miguel puedan contribuir al cambio de la conciencia mundial que ya se ha iniciado.

Una de las mayores aportaciones de Miguel como nagual es el haber establecido un vínculo entre la sabiduría tolteca y otras tradiciones espirituales, en particular el budismo y el cristianismo.

La historia de Buda según Miguel

La historia de Buda es parecida a la de Jesús. Buda nació y recibió el nombre de Siddhartha. Era príncipe, y como rey conquistaría toda la India. Cuando nació, los astrólogos predijeron que sería el mejor de los reyes, o un asceta que viajaría al infierno y descubriría sus secretos para enseñárselos al mundo a su regreso.

Su padre trató de proteger a Siddhartha. Creó para él un mundo maravilloso. Dispuso que se casara joven y que tuviera un hijo, pues pretendía que continuase siendo humano. Pero le resultaría imposible impedir que aquél cumpliera su destino. Siddhartha era fuerte, joven y poderoso. Abandonó su reclusión en palacio y, una vez con su pueblo, vio el sufrimiento. Le preguntó a su padre: «¿Por qué me mientes?» Y éste le contestó: «No quiero que sufras.»

Siddhartha sintió compasión y culpabilidad. «Tengo que conocer lo que sienten», dijo. Quería ver lo

que realmente significaba ser humano. Eso le condujo al infierno. Juzgaba a su padre y a los demás, y sentía la necesidad de ser castigado. Adoptó el modo de vida de un asceta y pedía limosna. Era tan compasivo que todos los mendigos se le unieron. Les dio esperanza. Entonces descubrió que estaba guiándoles en el sentido equivocado. Empezó a comer de nuevo y recuperó su fuerza. Los demás se sintieron traicionados.

Así que se dirigió solo a la jungla y encontró uno de los árboles más sabios que haya existido nunca. Tenía mil años. Estudió el árbol y percibió la mente del árbol. Vio que la luz es en realidad el conocimiento y experimentó el éxtasis. Después, se convirtió en Buda. Entró en trance y absorbió el conocimiento del árbol.

La mente de los árboles es parecida a la de los seres humanos. El árbol se convirtió en el guía de Buda. Él vio que todo es un sueño, que está vivo, y que es gobernado por dioses. Vio la evolución total de todos los seres humanos y que resulta prácticamente imposible escapar del sueño. A los dioses les supone mayor dificultad cambiar la creación y el desarrollo del sueño que a los seres humanos modificarlo. Los dioses controlan a los seres humanos, conduciéndoles hacia la pesadilla. Todos los dioses del temor crearon el mal.

Buda vio que salir del sueño es convertirse en luz y en Dios.

Dijo que nuestro destino es trascender.

Buda tuvo un momento de elección. O bien decidía ser luz, ser Dios, y ascender, o regresaba y compartía su visión. Su compasión era tanta que decidió esto último. Entonces el sueño le agredió, de igual modo que la sexualidad tentó a Jesús. Buda vio que todo el mundo le disparaba flechas con sus arcos, que simboli-

zaban las críticas y murmuraciones que sobre él se hacían. Pero se convirtieron en flores. Todo esto sucedió quinientos años antes de que naciera Cristo.

En el estado de Oaxaca, en México, hay un famoso árbol enorme llamado Tule. Es el árbol más sabio que he visto nunca. Tiene la energía del Padre. Puedes sentir su amor. En él hay pocos pájaros y los que hay suelen guardar silencio.

Junto a Tule se encuentra otro árbol, más pequeño, que es hembra. Tiene la energía de la Madre. Está lleno de pájaros.

Gaya dice que cuando las personas rodean el árbol llamado Tule, en un punto concreto, éste las eleva del suelo.

Tule es el gurú o profesor sabio entre los árboles. Es el guardián del conocimiento silencioso.

La visión de Cristo de Miguel

Mientras era aprendiz con Sarita, Miguel estaba en trance durante horas seguidas. Entre sus visiones, figuraban encuentros con la historia de la vida de Jesús, que veía como si fuese un testigo directo. Para ello, tenía que alinearse con la vibración de la energía de Jesús. De este modo, podía vivir emocionalmente la historia.

El Jesús que encontré en mis meditaciones era distinto en un noventa por ciento al Jesús que presenta su Iglesia. No estoy en absoluto de acuerdo con los últimos mil quinientos años de cristianismo.

El auténtico cristianismo acaeció cuando Jesús estaba en su cuerpo. Jesús enseñó un modo de vida prác-

ticamente exacto al de los toltecas y nos hizo grandes regalos.

Nos dio el perdón, que era su forma de purificar nuestra mente de veneno, como hace el inventario. El perdón es el único medio de atajar de raíz todo el veneno emocional que tenemos.

El perdón es un acto de amor por uno mismo. Una vez que nos perdonamos, las cicatrices ya no nos duelen. El perdón es el mayor regalo de Jesús.

En tiempos de Jesús toda la cultura estaba fundamentada en la culpa. El judaísmo todavía era bárbaro. En el templo, los judíos tenían que sacrificar animales a un dios sangriento. En la Biblia, Moisés describe cómo hacer un sacrificio, cómo ofrecer la sangre en el tabernáculo, cómo inmolar el sacrificio. Era algo fanático. Seguían la letra, no el espíritu, de la ley. Creían en un Dios que juzgaba.

Jesús discrepaba de esta religión que predicaba el temor a un Dios celoso y que infringía castigos.

La práctica de Jesús era el amor. Ése es su principal regalo. No decía «ojo por ojo», sino «ama al prójimo como a ti mismo».

No era fácil para Jesús enseñar sus conocimientos a quienes no querían escucharlos, de modo que usaba parábolas. Usaba el amor para que quienes le escuchaban le comprendieran. Mientras hablaba, los demás estaban como en trance y compartían el conocimiento silencioso del amor incondicional.

Jesús era realmente un rey de la dinastía de David. Los romanos habían puesto a un falso rey en el trono. Los de la casa de David esperaban un mesías que recuperara el reino. El padre real de Jesús era un zelote, un guerrero rebelde llamado Judas. Intentó derrocar a los

romanos, pero fracasó y lo mataron. Cuando murió, no sabía que María, una joven adolescente, estaba embarazada. Los que estaban en la casa de David esperaban que diera a luz un hijo varón que continuara el linaje. Le eligieron un marido que fuera un padre para su hijo. José era un sacerdote del templo que era profesor. Tenía más de ochenta años. María se casó con José y Jesús recibió la instrucción espiritual que necesitaba cuando José lo llevó a Egipto de joven. La comunidad no esperaba que Jesús rechazara ser rey.

Jesús se unió a los esenios, pero ya poseía el conocimiento silencioso y era más liberal que ellos.

Los esenios estaban esperando el final del mundo en cualquier momento. Intentaban estar limpios y puros para estar preparados cuando llegara el maestro de la justicia.

«Yo soy el maestro de la justicia y esto no es el fin del mundo», aseguraba Jesús. Los esenios expulsaron a Jesús y a Juan Bautista de su comunidad.

Dos fuerzas actuaban sobre Jesús. Una le decía que se convirtiera en el rey. La otra, que cambiara las creencias de su comunidad.

El pueblo judío adoraba en el templo una fuerza que no era Dios. Jesús era peligroso para los fariseos, quienes veían que era muy conocido como el probable mesías, pero lo negaban.

Jesús empezó a ir en una dirección distinta a la que esperaban sus seguidores. No quiso ser rey, sino profesar el amor, el perdón y la verdad. Entonces, su imagen cambió y muchos lo consideraron un profeta.

Empezó a pensar en sí mismo como en un hijo de Dios, aunque no el único. En Israel el ideal era monoteísta, pero en otros *países* de la época, como Roma,

Egipto y Grecia, se creía en semidioses. El césar se proclamó Dios. No era extraño, pues, que Jesús afirmara ser un hijo de Dios. Decía que todos lo somos, y que Dios es amor y perdón, y no hay que temerle. Los demás consideraban a Dios como algo remoto. Jesús decía: «Soy hijo de hombre. Vosotros sois mis hermanos. Dios es nuestro padre, y Él no quiere sacrificios.»

La gente lo amaba y lo seguía. Sus enseñanzas constituían una amenaza para el templo, y sus autoridades querían que se fuera, aunque muchos sacerdotes estaban a favor de Jesús. Sabían que con Jesús podrían ser libres. Había muchas reuniones en el templo.

Jesús hablaba de llevar el cielo a la Tierra.

«Mi reino no es de este mundo. Es un lugar de amor donde todos son buenos», afirmaba.

Sus apóstoles estaban entusiasmados con la llegada a Jerusalén. Creían que vencerían y que Jesús se proclamaría rey. El templo esperaba que lo anunciara. Si lo hacía, los fariseos no podrían detenerlo. Invitaron a Jesús al Sanedrín, que era la junta judicial y eclesiástica más importante de la nación, con setenta miembros.

«No, no seré rey —dijo Jesús—. No me tentéis.» Predijo que la gente lo mataría. Ése sería su destino.

La resurrección fue otro regalo de Jesús. Significa el despertar del sueño. La resurrección es lo contrario a lo que hicieron Adán y Eva al comer el fruto del Árbol de la Vida.

La comunión es una tradición antigua que tiene sus orígenes en Egipto. Al principio, la hostia sagrada representaba a Ra, el dios Sol, o a Horus, que era lo mismo que Jesús. El vino simbolizaba la sangre sagrada, o el rayo específico de luz que creó a todos los seres humanos. El vino y el pan se usaban en el ritual

egipcio del mismo modo que en los oficios cristianos.

Jesús empezó una nueva alianza entre el hombre y Dios, que a pesar de lo mucho que se han corrompido sus enseñanzas, sigue siendo válida. El momento actual del Sexto Sol es el de la profecía de Jesús. Todos los acontecimientos del mundo son inseparables. Todos los seres humanos son un único órgano. Lo que pasó en Jerusalén pasó en Teotihuacán. Jesús era también Quetzalcóatl.

Todos los avatares hablan de amor y perdón, pero Jesús lo demostró con su ejemplo.

Para mí, el hecho que demostró es muy importante. Jesús nos enseñó cómo morir como guerreros; pues, incluso a pesar de ser humillado y herido, no odió. No mostró venganza. Seguía sintiendo amor por todo el mundo. Ésta es la parte de la historia de Jesús que me lleva a sentir que Él es el mejor ser humano que jamás ha vivido. Su mejor enseñanza fue el amor inquebrantable que practicó.

Tras la muerte de Jesús, sus seguidores siguieron dos direcciones. Un grupo consideraba que Jesús era el Mesías, el rey, y quería conservar su linaje. La esposa y el hijo de Jesús fueron trasladados al sur de Francia y, después, a Inglaterra. La historia del Santo Grial es la continuación de la casa de David. «Santo Grial» significa «sangre sagrada». Las Cruzadas se iniciaron para recuperar el reino para el Mesías. Las sociedades secretas masónicas y los Rosicrucianos, los caballeros Templarios y los cátaros, así como la Mesa Redonda del rey Arturo estaban conectados con la casa de David.

El otro grupo, los apóstoles, consideraban a Jesús el hijo de Dios y preservaron sus enseñanzas. Fueron perseguidos, pero fundaron siete iglesias. La gran victoria

del cristianismo se produjo cuando uno de los césares romanos declaró, hacia el año 200 d.C., que era Papa y cabeza de la Iglesia cristiana. Mezcló las ideas de Jesús con las de otro movimiento vigente en la Roma de aquella época llamado Sol Victorioso, cuyos seguidores adoraban a un hombre que procedía del Sol y vencía al mal. Él también era un hijo de Dios. Después de eso, todo el mundo tenía que ser cristiano y apoyar la religión. Enviaron emisarios a averiguar cosas sobre Jesús. El césar sólo aceptó cuatro de las versiones de la vida de Jesús, y ésas fueron las de los evangelistas. Las demás informaciones fueron apócrifas, jamás aceptadas oficialmente. Todos los antiguos dioses pasaron a denominarse santos.

Los eruditos legitimarán pronto estos hechos. Siempre ha habido discordia entre la Iglesia católica y los grupos secretos, como los Templarios, pero pronto toda la información saldrá a la luz y la imagen de Jesús cambiará. El Gran Imperio terminará cuando el Papado llegue a su fin. Descubrirán unas ruinas en el sur de Francia y verán que había mensajes ocultos en las obras de Miguel Ángel y de Leonardo da Vinci, además de muchos otros artistas. La revelación ya ha empezado. Los sellos, mencionados en el Apocalipsis, serán destruidos. Algunos ya lo han sido. El primer sello es el infierno.

La Biblia y el conocimiento silencioso de los toltecas

En los primeros capítulos del Evangelio según san Juan, Miguel ve el «conocimiento esotérico puro de la escuela del misterio de los cristianos». Verso a verso, las frases son análogas en lenguaje y en significado al conocimiento silencioso de los toltecas.

Como Miguel ha dicho, sólo hay un conocimiento silencioso y está empezando a ser revelado por todo el mundo. No es la primera vez, pero lo novedoso es que ahora nuestra interpretación de la sabiduría antigua se ve influenciada por la erudición y el conocimiento científico de épocas recientes. La siguiente cita bíblica pertenece a la Biblia de Jerusalén.

1. En el principio existía la Palabra y la Palabra estaba con Dios.

2. Ella estaba en el principio con Dios.

3. Todo se hizo por ella y sin ella no se hizo nada de cuanto existe.

4. En ella estaba la vida y la vida era la luz de los hombres,

5. y la luz brilla en las tinieblas y las tinieblas no la vencieron...

9. La Palabra era la luz verdadera que ilumina a todo hombre que viene a este mundo.

10. En el mundo estaba, y el mundo fue hecho por ella, y el mundo no la conoció.

11. Vino a su casa, y los suyos no la recibieron.

12. Pero a todos los que la recibieron les dio poder de hacerse hijos de Dios, a los que creen en su nombre;

13. la cual no nació de sangre, ni de deseo de hombre, sino que nació de Dios.

14. Y la Palabra se hizo carne, y puso su Morada entre nosotros, y hemos contemplado su gloria que recibe del Padre como Hijo único, lleno de gracia y de verdad...

Todo procede de la palabra y eso es exactamente lo mismo que el intento y la voluntad. Todo procede de la luz, que es energía. En el sistema tolteca, decimos

que el intento es esa cualidad de la energía que permite que toda energía se transforme. Todo es una emanación del espíritu.

«La cual no nació de sangre, ni de deseo de hombre, sino que nació de Dios.» Eso significa que surgió de la voluntad, o del intento, de Dios.

«En ella estaba la vida y la vida era la luz de los hombres.» La vida y la luz son la misma cosa, que corresponde al conocimiento básico que enseñaban los toltecas. Sólo somos vida. Sin la vida que hay en nosotros, nuestros cuerpos se descompondrían.

La luz brilla en la oscuridad y la oscuridad es materia. La luz opera a través de ella, pero ésta se resiste. No «vencieron» a la luz. La materia se resiste a la luz y esta resistencia hace crecer la materia.

La Biblia dice: «No estaba en el mundo, pero vino al mundo y el mundo no la conoció.» Nuestro propio cuerpo no acepta nuestra luz, nuestra energía. Cuando la Biblia dice: «Vino a su casa, y los suyos no la recibieron», equivale a la verdad tolteca de que la luz de la divinidad viene a nosotros y nos resistimos a ella, permaneciendo en el mundo de ilusión. «Quienes reciben la luz se convierten en hijos de Dios» equivale exactamente al significado de Teotihuacán, «el lugar donde nos convertimos en Dios», pero eso sólo puede suceder si nos rendimos a la luz.

Miguel interpreta otros aspectos de la Biblia, en particular las advertencias del Apocalipsis, como elementos de la sabiduría tolteca. El Apocalipsis señala la muerte del sueño del planeta. La destrucción, sea por causas naturales o artificiales, no es inevitable. Puede eludirse con el despertar de los seres humanos, que, para Miguel, avanza muy deprisa.

«El despertar avanza más deprisa donde el caos es mayor —afirma Miguel—. Lo que pasa en el mundo es exactamente igual a lo que pasa cuando despierta una mente. Antes de que haya una sensación de paz, se produce un aumento del caos.»

Tal vez una persona tenga un sistema de creencias que incluya la idea de que el sufrimiento es normal y generalizado para las personas de su alrededor, pero en cierto momento esta persona se despierta y sabe que no tenemos que sufrir. Se enfrentará al rechazo si cambia su sistema de creencias, porque ser distinto implica no ser aceptado. Ser distinto es un acto de rebeldía. Habrá una reacción dentro y fuera de nosotros cuando nos adentremos en lo desconocido. Surgirán los temores e intentarán detener nuestra transformación. La consecuencia será el caos. La razón se debilitará y perderá la dirección. Pero, una vez superada la crisis tanto interna como del mundo exterior, el individuo podrá ser él mismo.

Primero aparece la guerra en nuestras mentes. La Víctima sabotea entonces nuestros intentos de cambiar. Nuestras creencias son nuestras leyes.

Tuve una aprendiz que trabajó conmigo muchos años. Tiempo atrás se había quedado viuda. Sus creencias le ofrecieron mucha resistencia, pero llegó a un momento de cambio. Entonces, volvió donde vivía antes e hizo exhumar e incinerar los restos de su marido. Cuando esparció sus cenizas, se sintió libre y feliz, pero su familia estaba sorprendida y enfadada. La culparon y fueron a ver a su sacerdote. Éste pensaba que lo que había hecho estaba mal. Durante cierto tiempo, volvió a verse a través de los ojos de aquél, pero se li-

beró y se marchó de allí, llevándose únicamente su felicidad y su libertad.

Hasta que la gente encuentra a Dios en su interior, necesita creer en el Dios que está en el exterior. Todos practicamos la magia negra con la propagación de nuestro veneno emocional hasta que aprendemos la magia blanca. Entonces convertimos nuestro temor en amor.

Cuando una persona se ha transformado, las cosas ya no le afectan de un modo personal. Jesús y Buda vinieron al mundo y tuvieron que cambiar a la iluminación. Al hacerlo, les proporcionaron a todos más oportunidades. Nacieron con todas sus oportunidades, pero tuvieron que descender al infierno, como todos los demás, pues eran por completo humanos.

Vivieron vidas normales en circunstancias normales para su época, y estaban dotados de cuerpo, mente y alma, pero se transformaron en luz.

Al principio actuamos movidos por el temor, pero cuando tomamos conciencia de lo que estamos haciendo, se nos presenta la oportunidad de transformarnos. Incluso en las circunstancias más difíciles, como en los campos de concentración de la Segunda Guerra Mundial, a la gente le era posible cambiar si deseaba hacerlo.

Durante los últimos veinte siglos, los cristianos han enseñado que somos el guardián de nuestro hermano. Miguel da a este encomiable ideal otra clase de interpretación a la habitual, que está revestida de culpa. Según él, ser responsable es respetar el modo de ser de los demás. Nos ayudamos más unos a otros ofreciéndonos amor. Donde se recibe amor, éste es efectivo. Lo único que podemos hacer por los demás es amarlos. No somos responsables de los actos de otra persona.

Sentir lástima y culpa por los demás no es efectivo. Cuando el gobierno da subsidios a la gente, de modo que ésta puede ganar más dinero si no trabaja que si tiene empleo, la está destruyendo. No la está ayudando. Cuando la gente no trabaja, no hay acción. Para que haya transformación, debe haber acción. Sin acción, la gente se aburre y el aburrimiento conduce al crimen. Estamos aquí para producir.

La visión tolteca del amor

Jesús enseñó que el amor es la esencia del conocimiento silencioso. Los toltecas sabían también que cuanto más nos acercamos al amor, más lo hacemos a Dios. El amor es lo contrario del temor. El amor es ese fuego que no quema, sino que purifica todo lo que toca, mientras que el temor es el fuego que abrasa y destruye todo lo que toca. Es muy difícil expresar en palabras lo que significa el amor. Es más fácil hablar de sus características, pues constatamos que las características del amor y las del temor son exactamente opuestas. Imaginemos dos carriles, uno del amor y otro del temor. Si los comparamos, veremos en cuál estamos. Miguel enseña que al amor puro lo definen siete características:

1. El amor no tiene expectativas.
   El temor está lleno de expectativas.
2. El amor no tiene obligaciones.
   El temor está lleno de obligaciones. Cuando actuamos por obligación, nuestra resistencia nos hace sufrir. Cuando no logramos cumplir nuestras obligaciones, nos sentimos culpables.

3. El amor tiene respeto, no sólo por los demás, sino también por uno mismo.
   El temor no respeta nada, ni siquiera a sí mismo. Cuando nos compadecemos, no nos respetamos. Cuando sentimos lástima por los demás, no les respetamos.
4. El amor es paciente.
   El temor es impaciente.
5. El amor no compadece.
   El temor está lleno de compasión, en especial de auto-compasión.
6. El amor es independiente.
   El temor está lleno de ataduras y miedo a soltarnos de ellas.
7. El amor es bondadoso.
   El temor está demasiado concentrado en sí mismo como para ser bondadoso.

Las relaciones basadas en el amor no se deterioran porque uno intente controlar al otro. El amor incondicional no impone cargas a la pareja. Desde esta posición, Miguel comenta la necesidad de volver a plantearse la institución del matrimonio. Piensa que el cambio más importante lo constituirán las nuevas relaciones que sustituyan a la desgastada institución del matrimonio, tal como lo hemos conocido. El sistema se ha deteriorado. La nueva relación, basada en el respeto, se está iniciando. En todo el mundo, hay una total confusión en las relaciones humanas porque nos resistimos a este cambio, pero nada podrá detenerlo.

El mensaje especial de Miguel

Muchas voces nos llaman para que despertemos. Sus mensajes contienen advertencias parecidas. Oímos que estamos viviendo una ilusión. Descubrimos que la Tierra es un ser vivo y que debemos protegerla de una mayor degradación.

Algunas de estas voces indican a quienes las escuchan a quién deberíamos culpar por la aflicción que vemos a nuestro alrededor: a nuestros padres, a los blancos, al gobierno, a Estados Unidos, a las empresas; siempre hay un culpable.

Llevada al extremo, esta llamada al despertar parece indicar que cada uno de nosotros es la víctima de un sistema corrupto. Si nuestra anterior situación de víctima puede atribuirse a un miembro de la familia o a un adulto que nos cuidó, se espera que rastreemos este recuerdo y hagamos que el dolor aflore a la superficie de nuestra conciencia... Y, entonces, ¿qué?

El mensaje de Miguel es distinto. Nos dice que despertemos a nuestra responsabilidad personal. Lo que nos sucede depende de nuestros propios pensamientos; nosotros controlamos nuestras acciones y nuestras reacciones. No somos la Víctima ni el Juez para culpar a los demás. Somos un ser espiritual dotado del potencial para transformar el sueño del planeta.

El sistema tolteca al que Miguel ha añadido esta sabiduría, que le es revelada en sus estados de trance, está dedicado por completo a la mejora del individuo. Un principio de sabiduría esotérica es que nadie tiene poder sobre el alma y el espíritu de otra persona. El individuo despertado es el que asume la responsabilidad total del pensamiento, la palabra y la acción.

En el camino tolteca, despertar provoca cambios profundos en la percepción del mundo de una persona. El temor, la culpa y la vergüenza se superan. Desde esta perspectiva, el mundo parece justo. El orden divino opera a todos los niveles.

El maestro transformado de la sabiduría tolteca no es un *bon vivant* feliz que se limita a concentrarse en la contemplación personal.

Si se realiza plenamente, la maestría conlleva cambios prácticos. Aumenta la conciencia de las capacidades, los impulsos y las habilidades, debido a la pasión que brinda la alegría cuando se pone en práctica.

Todos nosotros tenemos talento al nacer, pero a menudo aplacamos el impulso y las ganas para ganar nuestra subsistencia; pero los maestros toltecas demuestran, una y otra vez, que uno puede ganarse la vida dedicado a su talento. Es una cuestión de prioridades.

En lo alto de la lista crece el número de esas cosas que dan alegría y, por lo tanto, conceden energía positiva a la persona y, a través de ella, al mundo. Miguel transmite una forma práctica de espiritualidad. Primero, cada uno se ocupa por completo de sí mismo, purifica de veneno emocional su mente, encuentra el origen de la alegría y vive el cielo en la Tierra.

La práctica es parecida a una forma de arte. Miguel asegura que todos los toltecas eran artistas; incluso, artistas excelentes. Podemos interpretar estas palabras en el sentido de que vivimos como un artista cuando nuestra vida es una obra de arte, una producción consciente, viva, en continua creación.

Un maestro tolteca se distingue por ser dueño de sí mismo, por haberse elevado por encima de lo personal y de los impulsos del ego, por tratarse de una persona controlada que es consciente del poder de su palabra, su acción y su pensamiento. La contención, que descansa sobre la conciencia, no pone barreras a la espontaneidad.

De hecho, liberándose del temor una persona reacciona espontáneamente a la vida. El objetivo de los toltecas es la felicidad.

12

La historia de Gaya y la sabiduría de una mujer nagual

LA ENTRADA EN EL REINO DE LA MAGIA

Tuve un sueño, el recuerdo de un sueño, en el que colgaba de algo sostenida por la punta de los dedos y volvía la mirada atrás, a mi derecha, hacia un curso de agua. Había en mí una presencia que dijo: «Sigue y recibe tu mensaje, aunque debes ser paciente. Tu mensaje no será para todo el mundo, pero hay quienes te esperan.» Recuerdo que ese sueño fue para mí como el sueño de un nacimiento.

No soy demasiado buena para las fechas, las horas, las edades y cosas por el estilo. Pero soy muy vivencial. Recuerdo que de pequeña sabía que mi mensaje era comunicar a las personas que eran Dios. Jamás me había sentido libre de decírselo a la gente hasta hará unos cinco años. Era algo que llevaba dentro y sabía que era mi mensaje.

Hacia 1987, viajaba en un avión que atravesó una tormenta. En ese momento, me di cuenta de que podía morir. Pensé entonces que no podía hacerlo antes de despertar. No quería volver a morir hasta haber despertado por completo. En ese instante decidí que iba a buscar mi liberación. Aunque tuviera que saltar de aquel avión, y entonces era lo más aterrador que podía pensar, estaba dispuesta a hacerlo para despertar, porque deseaba por encima de todo ser libre.

Ese incidente hizo nacer en mí la idea de que tenía que trabajar con un chamán. Ni siquiera sabía qué era un chamán. En una librería, encontré la revista *Shaman's Drum* y leí anuncios de viajes a Perú y a Brasil para trabajar con chamanes. A pesar de estar aterrorizada, me apunté a uno de esos viajes. Mi marido me llevó al aeropuerto. Más tarde, me confesó que, mientras estábamos sentados esperando la salida del vuelo, me había mirado y había sabido que nunca volvería a casa. Nunca lo hice, aunque regresara físicamente.

Ahora sé qué ocurrió. Todo sigue un orden divino. No tenía idea de lo que pasaba, pero sabía que tenía que encontrar mi libertad. Así que fui a Perú y trabajé con Eduardo Calderón durante dos semanas. Es un hombre maravilloso. La primera vez que lo vi me dijo: «Tendrás que convertirte en maestra en electricidad.»

Al principio de mi despertar espiritual, había empezado a sufrir desajustes cardíacos. Mi corazón latía de modo irregular. Unos años después, durante una operación, los médicos descubrieron que había mutado un río eléctrico en la parte superior de mi corazón. Aparte de eso, mi corazón está en perfecta forma. En términos eléctricos, es como si mi corazón fuera un mutante, de modo que ahora llevo un marcapasos. Calderón no podía saberlo, pero podía ver a otros niveles.

Calderón me vio envuelta en una luz violeta. El color natural de mi campo áurico es azul, pero tengo otro anillo de luz a mi alrededor que es violeta: Miguel. En todas las ceremonias que hicimos en Perú, Calderón venía y me honraba de algún modo. Eso era porque, según averigüé más tarde, poseo la marca de una mujer nagual. Reconoció mi marca energética. También sabía que la luz violeta que me envolvía era un nagual. Calderón me preguntó por mi marido y se dio cuenta de que él no era el nagual. Podía ver la marca de Miguel en mí, el color violeta.

Ésa fue mi primera experiencia en el mundo de la magia. Cuando repaso mi vida, veo que en la última década he vivido en el reino de la magia más allá de lo que mi razón puede entender y conocer. Tras haber trabajado con Calderón, acordamos que volvería a casa tres meses y que después regresaría para estudiar más porque con él había visto por primera vez la energía directamente. Calderón se convirtió en mi profesor desplazando mi punto de reunión.

De vuelta a casa, el corazón me molestaba, así que acudí a la madre de Miguel, Sarita, para ver si ella podía ayudarme. Más adelante me diría que, cuando me conoció, recordó que cinco años antes me había visto en una visión, y sabía que estaría con Miguel. Me había visto pelirroja, y en esa época yo iba teñida de ese color. Quería saber si estaba casada y asentí. Me preguntó si tenía hijos y le contesté que sí.

—Bueno, tienes que conocer a mi hijo Miguel porque soy consciente de que querrás trabajar con él —dijo.

Salí y pregunté a la mujer sentada en la recepción si esas personas eran chamanes. Me respondió que eran chamanes toltecas. Aquello carecía de sentido para mí, pero aun así pregunté si Miguel tenía aprendices. Me indicó que sí, pero que no aceptaba a cualquiera. Miguel estaba enseñando en su pequeño templo de San Diego cuando lo conocí. Poco después me contó que, desde los trece años, cada vez que se sumía en un estado de meditación o se sentía angustiado emocionalmente, yo acudía a él. Había esperado que, al crecer, sería su esposa, pero no había sido así. No dejaba de verme en momentos de tensión y me llamaba su Ángel de la Muerte. En cuanto me vio entrar en el templo, tuvo miedo y quiso correr.

Yo no sabía lo que me esperaba hasta que me senté y hablé con él. Miguel hablaba y entendía el inglés, aunque no tan bien como ahora. Trabajaba el conocimiento silencioso de modo personal prácticamente con las manos. Cuando hacía su trabajo corporal, el conocimiento y la vibración fluían a través suyo. En cuanto me tocó la espalda, empecé a tener recuerdos de Miguel conmigo en varias situaciones. En ese estado onírico, tuve la visión de una hermosa mujer, repleta de joyas, en forma de una serpiente verde con dos cabezas. De repente, una de ellas engulló a la otra.

Cuando Miguel hubo terminado, me preguntó cuál había sido mi experiencia. Le narré mi sueño, y se rió. Me dijo que él había tenido ese sueño desde los trece o catorce años. Entramos en una dinámica. Siempre que estaba con Miguel o que pensaba en él, no podía evitar rascarme el cuerpo. Ahora me doy cuenta de que mi espíritu despertaba, aunque en ese momento yo no lo sabía. Cuando comenté a Miguel que era como si lo tuviera a él a flor de piel, me contestó que en efecto así era.

Ahora comprendo que todo nos conducía hacia el momento en el que habríamos de comenzar la danza que llamamos «el nagual y la mujer nagual». Compartimos una visión energética común. Su sueño es traer el cielo a la Tierra; el mío es ayudar a la gente a que conozca su naturaleza divina. Era como un matrimonio perfecto. Miguel ha recordado conscientemente haber vivido trece vidas juntos. Dice que nuestra existencia se remonta a miles de años y que somos almas gemelas. Empecé a trabajar con él un mes de junio. En noviembre, rompí mi matrimonio tras veinticinco años de casada.

Antes de ir a Perú, o de conocer a Miguel, mientras hacía ejercicio en la bicicleta estática, sentía que venía a mí una presencia, que una luz dorada ocupaba mi mente. En mi experiencia, era Cristo. Me rendí a él. Le dije: «Me ofrezco para ser un canal de tu luz. Úsame en este mundo, por favor.»

Tres semanas después, supe que había unas tierras disponibles en Fairbanks Ranch, una zona residencial de San Diego donde ya había construido y vendido una casa. Me interesaba volver a hacerlo, así que fui con un agente a ver la finca, que tenía 1,5 hectáreas y un barranco natural en el centro, y vi que allí podría crear una laguna.

—Lléveme enseguida a la oficina, porque voy a comprar estas tierras y a ganar un millón de dólares —pedí al agente.

Esa experiencia parecía estar directamente conectada con la presencia de la bicicleta. Fue un regalo del espíritu.

En esencia, esta inspiración me permitió reclamar mi libertad. Construí una casa que recordaba un castillo. Ultimé todos los detalles y contraté a un constructor, pero nunca vi la casa terminada, porque, dos meses después de iniciar las obras de cimentación, vendí la finca. Me marché de allí porque mi vida sólo tenía que ver con el espíritu, con Miguel y con mi crecimiento.

Una vez que empecé a trabajar con él, supe que estábamos conectados. Y no era una conexión física la que me unía a Miguel: era tan intensa que sabía que tenía que estar con él, aunque en realidad aún no habíamos hablado de eso. Pasado el tiempo, celebré un matrimonio espiritual con Miguel al que asistieron todos nuestros familiares.

Durante nuestra luna de miel de dos meses en México, fuimos a Teotihuacán. Era el principio de una obra colosal. Lo que ocurrió fue que Miguel se sumió profundamente en un proceso. Se quedó callado por completo. Recorríamos la Calzada de los Muertos y sentí la presencia de millones de almas a nuestro alrededor. Fui muy consciente de que todas esas energías se movían con nosotros. Cuando bajé la vista, vi que la mitad de mi cuerpo no era yo. Estaba en otro cuerpo que llevaba sandalias. Andubimos en silencio. Ascendimos a la pirámide de la Luna, y Miguel se sentó y vio la serpiente bicéfala. Recordó la energía que poseíamos, de modo que yo era Quetzalcóatl y él, Espejo Ahumado. Le conté que había visto muchas almas y que las llevábamos con nosotros.

—Sí, es cierto —me confirmó—. Iremos a casa y empezaremos a traer grupos de gente aquí.

Había estado tan callado, tan sumido en sí mismo, como un zombi, los tres días que habíamos pasado ahí, que bromeé:

—Miguel, ¿quién va a querer estar contigo? A mí no me ha gustado. Ha sido una pesadilla acompañarte. Has estado tan deprimido y retraído...

Pero estaba convencida de que íbamos a llevar gente allí.

La redención del Parásito

Para mí el Parásito es un aspecto de nuestra conciencia que ha olvidado su divinidad y que tiene la capacidad de sentir. Podríamos llamarlo cuerpo emocional. Contiene todas nuestras experiencias pasadas y cada una de ellas es una emoción individual. O la superamos o permanece aferrada a nosotros. Cuando recordamos nuestra infancia, la mayoría de nosotros no puede recordar lo maravilloso de ser niño. Sólo recordamos los aspectos negativos de nuestra infancia, que no hemos experimentado por completo porque los bloqueamos con nuestro sistema de defensa. Ese bloqueo es como un pegamento. El juicio del que estamos dotados conserva las experiencias vividas como una foto fija impresa en nuestro campo áurico. Quedan registradas en nuestro cuerpo emocional. El juicio atrapa la emoción. La iluminación es el estado que se produce cuando volvemos a experimentar nuestro pasado por completo, sin juzgar, y todo vuelve a la luz en que todo es amor, la expresión de Dios.

Ésta es mi experiencia:

Fui a México a visitar San Miguel de Allende con mi hermana para aprender español. Mientras estábamos aún en la ciudad de México, la llevé a ver la basílica de la Virgen de Guadalupe, que ella no conocía. Subimos la larga escalinata y entramos. Al arrodillarme y alzar la vista a la estatua de la Virgen, recibí una visión. Vi a la Virgen con dos cálices. Uno de ellos apuntaba al suelo y el otro, a su corazón. Estaba asistiendo al nacimiento de la Virgen en la Tierra. En el cáliz que estaba dirigido hacia su corazón vi que renaceríamos. Trascenderíamos a nuestro yo divino cuando la Madre nos diera a luz en el cielo. Lo que supe en ese momento fue que, para nacer de la Tierra al cielo, tendría que llevar una vida como la de la Madre. Tendría que sentir el amor incondicional que las madres sienten por sus hijos. Tendría que amar a todos los hombres, a todas las mujeres y a todas las cosas con un amor igual. La pureza de ese amor excluye toda competitividad, envidia, temor o negatividad. Me pregunté cómo podría lograrlo.

Salimos de la basílica y tomamos un autobús a San Miguel. Después, Miguel se reunió conmigo y planeamos formar un grupo de gente que fuera a Teotihuacán con nosotros para realizar un viaje de poder. Un par de semanas antes de partir hacia Teotihuacán, tuvimos una conversación que se centró en algo que había pasado antes entre nosotros. Como en mi interior sabía que este sueño que estaba viviendo con Miguel estaba muerto, le dije a Miguel que tenía que dejarme marchar. Teníamos que pasar a otro sueño. Él no quería hacerlo pero, como yo se lo pedí, aceptó. Cortaría sus lazos emocionales conmigo. Fue la charla más profunda que habíamos tenido nunca.

Sentí que en los años que pasé con él, jamás me había entregado a la vida plenamente y puede que no lo hubiera hecho nunca. He aprendido que las experiencias espirituales que creemos que serán gloriosas y trascendentes quizá no lo sean y que incluso pueden llegar a ser las peores que vivamos a nivel emocional. Los dos, Miguel y yo, habíamos pasado por experiencias de crecimiento desde que estábamos juntos. Una vez noté que estaba con el cuerpo vacío de Miguel mientras él experimentaba una transformación. Fue tan deprimente para mí que, después, intenté evadirme emocionalmente. Ese momento me dejó una herida emocional, que sentí como un acto de traición. (Mi tentativa de huida habían provocado el mismo sentimiento en Miguel.)

Descubriendo la verdad de nuestra conversación, abriendo mi herida, me di cuenta de que en los ocho años que habíamos estado juntos, mi Parásito había vivido por mí mi propia vida.

«Miguel, voy a pedirte que avances conmigo en una relación en la que pueda usarte para estar en plenitud conmigo —le dije—. Cada vez que llegue a un lugar del que quiera escapar o que quiera defender, permaneceré en él. Dame la oportunidad de hacerlo.»

Y Miguel accedió.

En el autobús, camino de Teotihuacán, Miguel no me contó qué hacía, pero efectuó un acto de poder. Anuló todas mis defensas y me convertí en una especie de nervio sensibilizado. Pasé de ser feliz y sentirme bien por completo, a notar como si los peores sentimientos hubieran golpeado mi plexo solar. No dije nada. Me quedé mirando por la ventanilla del autobús mientras pensaba: «¿Qué está sucediendo?»

Pasados treinta minutos, Miguel dijo: «Gaya, no lo soporto. No soporto lo que estás sintiendo.» Pero le pedí que no me ayudara porque podía superarlo yo sola. Fueron unas palabras valientes, pronunciadas hacia las tres de la tarde.

Esa noche, me encontraba en una habitación con mi hijo; me costaba mucho respirar. Recé a la Madre para que me ayudara. Era consciente de que una energía que estaba en posición invertida y era de color verde se albergaba en mi plexo solar. Era un ser vivo tan retorcido y lleno de vergüenza, y sufría tanto dolor emocional, que hacía que me sintiera como si estuviera dividida en dos: aquella energía y yo. No dejaba de repetirle a aquel ser: «Te amo. Ámate a ti mismo», mientras intentaba transmitirle amor. Pero en cierto momento supe que la energía habría de redimirse a sí misma. Nada ajeno a ella podría amarla lo suficiente, aunque yo recuerdo sentir que formaba parte de mí.

En mi trabajo energético con personas, hay dos cosas que siempre aparecen: el niño interior y el ángel, o un haz de luz. Pensé en ese lugar de vulnerabilidad de mí misma, reducido y sensible, como si se tratase de mi niña interior. Me enfrentaba energéticamente a todas las emociones de aquel ser. Esa parte de mí me había acompañado a lo largo de toda la vida y conocía la verdad a un nivel que yo había suprimido. Podía usar mis defensas y no sentir realmente, pero esa otra parte que también era yo lo sentía todo. Percibía mi vida directamente a través de los ojos del Juez que se juzgaba a sí mismo ante la Víctima que se culpabilizaba en su propio juicio.

No sabía de qué forma lograr que esta parte de mí llegase a amarse lo suficiente como para perdonarse a sí misma y poder amar a los demás. Recuerdo haber recorrido estratos de emociones diferentes. No me parecieron imágenes del pasado. Sentía el dolor de mi ser retenido allí. Lo último que recorrí fue la traición existencial. Cuando nacemos, nuestra divinidad se separa de sí misma, de modo que adoptamos la densidad de la materia, nuestra humanidad, este lugar de separación. Nacer es una traición a nuestra divinidad. Vi que llevar esa semilla de traición crea un sistema electromagnético que nos atrae a todo lo que tiene que ver con el temor y la negatividad. Esa separación, esa traición, es la semilla de la que brota nuestra conciencia y es así como accedemos al temor. Es un sistema perfecto.

Yo seguía sufriendo. Por la mañana, me temblaba el cuerpo. Tiritaba. El corazón me latía a toda velocidad. Estaba muy débil y físicamente hecha añicos.

Fui a la habitación de Miguel y le dije: «Preferiría morirme a vivir así.»

Me preguntó si quería que me ayudara.

—No puedo decir que sí —contesté—, porque si lo hago puede que no vuelva a tener otra oportunidad como ésta. Pero quiero que sepas que voy a entregarme por completo y que no me importa morir.

—No debes sufrir un infarto, Gaya —comentó Miguel—. Recuérdalo.

Me fui y nos preparamos para pasar el día con el grupo. No comenté nada con nadie mientras nos dirigíamos al emplazamiento. Miguel se acercó a una roca que había estado trabajando durante cinco años. Le había pedido a la gente que se sentara en ella y que se impregnase de ella. Miguel nos indicó a las mujeres y a mí que bajásemos a la roca mientras los hombres permanecían arriba y observaban. Descendimos en silencio. Giré la piedra, y cuando me senté en ella advertí que conectaba con la energía del Sol. De repente, un alarido empezó a recorrer mi cuerpo. Era como si la energía saliera de mí en espiral y yo gritara por todas las mujeres que habían vivido hasta entonces. Sentí que el grito se dirigía al Sol. Estaba en tal estado emocional que casi me desplomé.

Entonces tuve una visión de la Virgen de Guadalupe. La serpiente sobre la que la Madre estaba empezó a crecer y se enroscó alrededor de su cuerpo y su cabeza, jugando y danzando. Cuando lo vi, supe que había superado una experiencia importante. Mi razón no sabía en qué consistía, pero Miguel me dijo: «Tu Parásito se ha redimido porque todo tu dolor desapareció. Ahora tienes un Aliado, pero procura no alimentar con ninguna negatividad esa conciencia porque el Parásito volvería a crecer. Tienes que amarte a ti misma y a este aspecto de tu ser. Es lo que los toltecas llaman "ofrecer el doble etéreo al Águila", así, cuando mueras, no perderás tu conciencia de esta vida.»

Ahora sé que esas palabras significaban que había superado el dragón; había redimido mi Parásito; había dado a luz a mi ángel. En ese momento tenía muchas preguntas. He descubierto que en la vida todo consiste en redimir ese aspecto de la conciencia que ha olvidado literalmente su divinidad, la parte que tiene una total percepción divina y lo siente todo.

Los ocho meses siguientes, aprendí muchas cosas. Tras mi experiencia en Teotihuacán estuve en la India durante cuatro meses y aprendí que el único lugar en el que puede albergarse y manifestarse el Parásito es la resistencia, que controla la dinámica en nuestro interior. El nivel más profundo de dolor que alcancé fue la traición. Vi que, sin resistencia, este dolor no puede existir. Ahora sé algo muy simple: si no nos resistimos, no envenenamos nuestra conciencia.

Cuando empecé a trabajar con Miguel y le hablaba de ello, él siempre me decía: «Controla tus emociones, Gaya.» Para mí se convirtió en una clave, pues me daba el coraje necesario para no reaccionar ante cualquier situación, para no ser un ordenador automático al que le pulsas una tecla y recciona de un modo determinado. Miguel me había ayudado a cambiar mi punto de vista.

Cuando te enfrentas a determinadas circunstancias en la vida, si conoces las reacciones de tu cuerpo, puedes elegir entre seguir reaccionando a ellas y ser emocionalmente negativo, o detenerlas. Puedes decirte: «Soy un ser formado por amor puro y luz. Esta reacción no es mi verdadera naturaleza.» Es algo muy sencillo, pero sólo cuando lo aprendí, empecé a ser consciente de la energía que me rodeaba.

La primera vez que me ocurrió, noté unas alas que batían a mi alrededor enérgicamente. Pensé que algo quería emerger, como si fuera una mariposa que intenta salir del capullo. Miguel me dijo: «Gaya, ésa eres tú. Es tu verdadero yo.»

Empecé a darme cuenta de que la esencia, quien dirige la máquina, es verdaderamente un ángel. Empecé a controlar mi reacción automática ante la vida y las personas. Mientras me alimentaba de amor y de mi verdadera naturaleza, la conciencia de esa esencia era cada vez más intensa. Mi ángel despertó.

La lección de Gaya

Cuando nacemos, soñamos. En el sueño de la serpiente bicéfala, la cabeza de la inconsciencia engulle la cabeza de la conciencia. Olvidamos que somos divinos. Perdemos nuestra conciencia divina y olvidamos que estamos soñando. Olvidamos que somos Dios y soñamos que no lo somos. Pero si nos observamos desde el prisma de nuestra verdadera naturaleza, vemos que somos amor. Cuando reconocemos que somos divinos, que no somos ni formamos parte del temor, nuestra otra naturaleza, que es consciente de ser divina, empieza a crecer.

Supe que esta energía que me envolvía devoraba mis emociones. Puesto que soy un ser humano con un cerebro que interactúa con un alma, el objetivo de mi existencia es soñar, y mi sueño es la interacción entre mi cerebro y mi alma, lo que crea mi mente. La mente es emoción que las energías sin forma humana engullen.

Cuando me di cuenta de que esta energía, que no tiene

forma material, absorbía mis emociones, comprendí que en realidad soy una esencia de ángel. Esta esencia está detrás de mí, me envuelve, está más cerca de lo que soy que mi propio cuerpo físico.

Descubriremos que cualquier cosa en el mundo se traga todo lo demás, sin cesar. Este reino es un ciclo de alimentación. Una cosa se alimenta de otra. Todo es Dios devorando a Dios. Es la evolución de Dios. Dios accede a lo que en esta realidad llamamos vida. La vida está regida por el Sol en interacción con la Tierra. La esencia divina accede a esta realidad devorándose a sí misma constantemente. Esa energía sale en espiral y regresa, mientras Dios devora a Dios en cada experiencia.

Somos Dios devorando a Dios. ¿Qué devoramos? La elección es nuestra. Podemos optar entre el veneno y el amor. Aquello de lo que nos alimentamos decidirá qué es más fuerte, el amor o el veneno, y determina dónde está nuestra conciencia: en el amor o en el temor venenoso.

Cuando empecé a purificar mi mente limitando mis heridas, abandoné al ser que vivía torturándose en mi interior. Estaba concediéndole poder a la esencia de ángel de mi ser. Cuando accedemos al amor, nuestra vibración varía. Los colores de nuestro campo áurico pasan a ser vibraciones cada vez más suaves de luz, a medida que nos acercamos al amor y nos alejamos del dolor.

Al efectuar este cambio, estamos despertando nuestro kundalini. La otra cabeza de la serpiente empieza a despertar de su sueño y a desplazar la energía divina hacia arriba por la columna vertebral. Se perciben entonces distintos niveles de conciencia, que es lo que son los chakras. Se trata de puntos de percepción en bandas particulares de frecuencia. Si trasladamos el punto de vista a una vibración más alta, empezamos a percibir cuerpos de energía que son menos densos que el físico.

Cada chakra tiene por lo menos siete puertas, y cuando se van abriendo a otros reinos de percepción, experimentamos la libertad. Empezamos a recordar que estamos soñando y, en un determinado punto, nos encontramos fuera del sueño. Accedemos entonces al amor. Llegamos al lugar de la Madre, donde el amor que sentimos por todo es puro.

Cuando fui a la India, abandoné la creencia en un ser externo a mí que me ama o juzga. Me quedé sólo con Gaya. Perdí mis gurús, mis profesores, mis guías. Acepté que Dios sólo está en mi interior, y es así porque soy divina. En un primer momento, cuando me quedé sólo conmigo misma, la experiencia fue terrorífica. Estaba muy furiosa. Pero recordé que era imposible que una conciencia limitada, un intelecto en un cuerpo humano, pudiera comprender realmente por qué la vida, que sigue un orden divino, parece estar llena de dolor e injusticia.

Lo único que me quedaba era la posibilidad de elegir la vida y todos sus aspectos, todos los seres humanos, todas las circunstancias, tal como son y no son exactamente, y aceptarlos por completo. Si no lo hacía, sería una víctima para siempre. Mi percepción de la vida cambió al optar por el amor. Veo la perfección de la vida. Descubrí el amor de la Madre, que es el amor que no juzga. Todo es verdaderamente divino. Todo evoluciona como debe evolucionar. Descubrí la libertad. También descubrí el lugar donde confío totalmente en mí misma. Me amo totalmente porque no hay nadie fuera de mí que me juzgue o me ame. Gaya es Dios para Gaya. Fue una transformación enorme.

Cuando regresé, tras esta experiencia, me dediqué a cumplir con el objetivo de toda mi vida, desde mi niñez, a hacer que los seres humanos recuerden que son Dios. Empecé a realizarme.

La verdad es que todos lo hacemos lo mejor que podemos continuamente. Nos despertamos cuando debemos hacerlo. La voluntad propia consiste en cómo experimentamos el viaje de la vida. Podemos elegir la felicidad o el dolor. Podemos elegir el juicio o la rendición.

Nos volvemos transparentes. Si no me protejo para defenderme de mis sentimientos, soy más receptiva. Si me pongo ante ti y reconozco en mi interior un sentimiento de pesar, de cólera o de rectitud, sé que eso también te ocurre a ti, porque somos espejos los unos de los otros.

Siempre estamos atrayendo hacia nosotros personas y situaciones que puedan curarnos para, de ese modo, poder regresar a la totalidad. Si queremos ver qué parte de nosotros necesita acceder a la totalidad y a la luz, que ha de proceder de ese lugar que juzga en nuestro interior, basta con mirar a nuestra pareja. Es sorprendente, pero si miramos fuera de nosotros, veremos que nuestras circunstancias reflejan sin cesar el modo en que juzgamos nuestras heridas.

Cuando abandono mis protecciones, soy más receptiva a descubrir qué parte de mí necesita acceder a la totalidad. Si siento tristeza, puedo percibir si yo estoy triste o si noto la tristeza de otra persona. Soy capaz de abrirme a las relaciones en lugar de defender mi punto de vista.

La anatomía del Parásito

Podríamos llamar al Parásito «el niño interior». Este niño es emoción pura, pues los animales lo son. El Parásito lo capta y lo siente todo, sin mediar el intelecto. Es la plantilla sensorial del ser humano. Lleva impresa toda la marca emocional. Por tanto, podría decirse que el Parásito es la capacidad de sentir del ser humano.

También podemos referirnos al Parásito como Lucifer, o

el desafiador, o el ángel más elevado que accedió a la densidad de la materia y olvidó que es divino.

El Parásito es el niño en nuestro interior que grita: «¡Dejadme en paz!» Y, al mismo tiempo: «Por favor, que alguien me encuentre. Que me rescate.» El mensaje que da es: «No soy digno de amor. Ámame, por favor. Lo juzgo todo. Soy víctima de mi propio juicio.»

En esta faceta del ser humano, siempre aparece la dualidad del Juez y la Víctima. El Parásito es el cuerpo emocional, el ángel caído que se sumió en los sentidos, en los ámbitos del juicio, la separación y la traición. El Parásito es una fuerza electromagnética que establece un campo de terror. Es esa codificación que está en nuestro interior que atrae a nuestra vida circunstancias similares, personas parecidas, que reflejan siempre lo que necesita acceder a la totalidad. Hemos hecho lo mismo en muchas vidas. Al parecer, es un proceso inconsciente.

Podemos imaginar el esquema de un ser vivo como el espíritu, que es una pequeña onda luminosa en el alma, rodeado por el cuerpo. En el espacio entre el alma y el cuerpo, la interacción entre ambos crea la mente.

Una vez que el alma abandona el cuerpo, termina por devorar la mente. Cuando el alma absorbe la energía etérea de la vida que se ha extinguido, en el alma queda grabada una impronta de energía etérea. El espíritu engulle entonces el alma, pero éste conserva la huella de las vibraciones etéreas, a la que denominamos karma. El karma permanece en el espíritu cuando accede a una nueva vida.

Cuando el espíritu está listo para volver a nacer, estos restos de vibración reaccionan a patrones de vibración parecidos en el hombre y en la mujer que serán los padres del nuevo niño. Sus vibraciones encajarán como una llave en la cerradura del nuevo espíritu.

La esencia de lo que somos es responsable de devolvernos siempre la totalidad de lo que somos. Nos aboca a circunstancias en las que siempre hay oportunidades de curación.

El karma abre agujeros en el alma, o la plantilla, que sólo pueden cerrarse al experimentar totalmente los sentimientos que hemos bloqueado a través del juicio. Si el alma conserva la marca de la cólera, ésta se manifestará a través de unos padres que representen lo que el alma necesita para curarse. Un progenitor podría expresar cólera y el otro podría reprimirla. En este caso hablamos de la cólera, pero podemos sustituirla por cualquier patrón emocional.

El proceso por el que el niño es conducido a bloquear sus sentimientos seguirá estos pasos:

1. Se despierta en él el recuerdo de la cólera porque la lleva grabada.

2. También se despierta su juicio sobre la cólera.

3. Reacciona con temor porque recuerda el dolor y el juicio.

4. Se cierra a la experiencia defendiéndose.

5. Toma una decisión sobre la cólera: duele. «No podré protegerme de la cólera. Los padres enfadados y la gente enfadada son peligrosos. Yo soy peligroso cuando estoy enfadado. La vida no es justa. Me duele sentir.»

6. El niño llega a un acuerdo: evitaré la cólera. «Evitaré a la gente enfadada. Evitaré hacer enfadar a la gente. Evitaré sentirme enfadado. Evitaré los sentimientos. Los sentimientos son peligrosos.»

No somos conscientes de nuestros acuerdos hasta que intentamos anularnos de modo activo. Este trabajo (a través del conocimiento silencioso) tiene tanto valor porque permite superar los acuerdos y curarlos con conciencia. Bajo nuestros sentimientos de cólera, u otras emociones, hay temor. Si nos preguntamos: ¿De dónde procede este temor?, tenemos la oportunidad de disolver el pegamento del juicio y llevarlo a la luz. Podemos recuperar una parte de nosotros que hemos bloqueado. El temor que sentimos es familiar. Lo experimentamos en circunstancias parecidas de niño y adoptamos un acuerdo sobre él, y ahora reaccionamos al temor que nos causa como lo hicimos entonces. Nos estamos proyectando conforme al acuerdo que adoptamos en la niñez. Sin embargo, cada vez que tomamos conciencia de que tenemos miedo, logramos el objetivo.

Con conciencia, tenemos la capacidad de recuperar nuestro poder. Podemos repasar nuestras experiencias con los ojos del amor, los ojos de una madre y un padre amorosos, y curarlas. Podemos ver que fue el temor lo que hizo que surgiera en nosotros esa defensa. Y nos damos cuenta de que tanto nuestros sentimientos como nuestras defensas somos nosotros. Yo soy todo lo que hay dentro y fuera de la muralla de mi defensa.

Nuestra experiencia es un sentimiento. Lo único que quiere un sentimiento es que se le experimente. La solución es experimentar nuestros sentimientos. Una vez que podamos hacerlo, toda la dinámica del Parásito se desvanecerá. Si para alguien es el momento de adquirir este conocimiento, será como una llamada a despertar.

Sé que en los años sesenta mucha gente experimentó una sensación de despertar. Algo colosal le sacudió a la luz solar. Debía ocurrir en ese momento porque la luz siempre nos empuja. La preocupación por uno mismo que se había iniciado con las revoluciones sociales de esa década podía ser lo más maravilloso que había pasado nunca porque analizarse a sí mismo es estudiar a Dios, lo divino, el verdadero yo, no el ego.

La misma conciencia de espíritu que provocó las búsquedas espirituales de los años sesenta sigue eligiendo. El espíritu que eligió nuestras circunstancias, nuestros padres y nuestra vida sigue eligiendo lo que vaya a suceder a partir de ahora en ella. Creemos que somos nosotros los que elegimos, pero siempre estamos regresando a la totalidad. Lo logramos experimentando la vida tal como es y como no es, sin juzgar. Pero no con la mente o el Parásito. Entramos en un lugar sin juicio, que es lo mismo que rendirse. Aceptamos que todo es divinamente perfecto y nos rendimos a la experiencia. Es lo que llamamos la superación del dragón.

Yo he superado al dragón y jamás tendré que volver a hacerlo. Para salir del sueño, para superar al dragón y llegar a la pura luz negra, tuve que luchar. Nuestro campo áurico nos protege de ella, pues no es conductora de vida. Por tanto, superar al dragón comporta riesgo físico. En ciertos aspectos, a nosotros nos resulta más sencillo superar al dragón, porque las mujeres sabemos cómo rendirnos. La rendición está codificada en las personas del sexo femenino porque se les exige que se desprendan físicamente de sus hijos en el parto y, después, deben desprenderse de ellos emocionalmente.

El sueño de Gaya

En mi sueño, aprendí que no hay nada que ver en espíritu porque no tiene forma. De repente, vi un trocito de algo que parecía una red. Reconocí aquella forma como un trozo de película que se movía como una ola. Cuando chocó con el lugar de mi sueño que era espíritu, una lucecita se dirigió al interior. La imagen parecía una película con una luz, pero sólo era un reflejo.

Sabía que estaba mirando la mente, el elemento del espíritu que se manifiesta, la madre, el aspecto de la creación que puede reproducirse a sí mismo. Con el matrimonio del espíritu y la película que contiene la luz, empezó una multiplicación que pronto creó todo un mundo nuevo. Enterrado en lo más profundo, permanecía ese pequeño rayo de luz que se encuentra en todos los seres humanos. Se trata de la energía divina que está atrapada en la columna vertebral, el ángel dormido.

La verdad es que somos ESO. Somos espíritu, que no es una cosa y no tiene forma. Es lo que nunca podremos conocer. Pues sólo tenemos acceso al reflejo de la vida, que es la MENTE, la Luna. No a la luz en sí. La verdadera naturaleza del reflejo es la separación y la dualidad.

La mente, el reflejo, siempre se está buscando a sí misma. Si funcionamos y procesamos la vida sólo desde el punto de vista de la mente, puede que nunca encontremos nuestro verdadero yo, porque no es más que el reflejo de la luz. Está atrapado en la dualidad de la separación. Lo que vemos en realidad es la mente. La verdad de su naturaleza es una ilusión.

Ángeles

Cuando tomé conciencia del ángel de energía que devoraba mis emociones, hice cuanto pude por alimentarlo sólo con amor.

Tenemos que adoptar el punto de vista del ángel, pues nos proporciona un mayor campo de visión para testimoniar la personalidad que adoptamos en esta vida. Yo puedo ver que Gaya actúa lo mejor posible. Comete errores, pero le profeso una gran compasión porque ya no estoy encerrada en ella. Estoy muy agradecida porque, a través de ella, puedo vivir. Ella es mi automóvil, el vehículo que me permite experimentar la vida. Soy capaz de amarla por completo.

En mi sueño, cuando vi el reflejo de la luz, lo vi como una película. Supe que la vida es como una película holográfica. Yo soy el productor y también el director, y constantemente estoy produciendo imágenes para mi película. Estoy haciéndote unas pruebas de selección para darte un papel en mi película. Estoy proyectando sin cesar mi imagen, que se refleja de vuelta hacia mí como un circuito cerrado de televisión.

Desde un punto de vista espiritual, podemos llegar a cada circunstancia con los ojos del ángel o el soñador que ve la película proyectada. Eso no es posible desde el punto de vista mental. La mente no puede entenderse nunca a sí misma, porque está atrapada en la dualidad (el mundo material y lo divino).

Si creemos en la divina perfección del todo, podremos elegir entre manifestar nuestra vida desde un lugar de responsabilidad máxima como nuestro ángel, o hacerlo desde el lugar del Juez o el Parásito. La vida es siempre perfecta. Somos un ángel que trabaja en esta dimensión para evolucionar al ser humano que llamamos yo. Despierta del sueño y date cuenta de que estás soñando. Eres divino. Los ángeles pertenecen al cielo. Ven a casa.

Sé: Siente lo que hay que sentir.

Haz: Practica el arte del acecho y la transformación. Recuerda tu compromiso de amarte a ti mismo.

Ten: Vive una experiencia de la vida que te realice. Cada vez que rompes la dinámica del Parásito que se alimenta de veneno, te recuperas a ti mismo.

La norma del nagual

Los chakras (de la tradición hindú) son puntos de percepción de nuestro cuerpo espiritual que nosotros asociamos a áreas de nuestro cuerpo físico. Los siete chakras tradicionales se encuentran en la base de la columna, las gónadas, el plexo solar, el corazón, la garganta, la frente y la coronilla.

Gaya cree que cada chakra representa un ángel. Lucifer, el desafiador, que protege los chakras inferiores de la base de la columna y las gónadas, es el Parásito y el amor puro. El Parásito es la separación de la divinidad para formar la mente. Gaya describe como una forma de traición la separación de lo divino mediante el descenso a la materia en el parto. En nuestros mitos, Lucifer es el gemelo o el opuesto de Ariel. Lucifer representa las tinieblas y Ariel la luz, pero ambos son de Dios y, por lo tanto, amor puro.

El tercer chakra está en el plexo solar y el Árbol de la Muerte.

Lo protege Ariel, un nombre que significa «guardián».

Rafael protege el cuarto chakra, situado en el corazón. En el chakra del corazón hay un gran salto de la percepción. Los maestros viven y cobran resonancia a nivel del corazón, pero se desplazan a chakras superiores cuando hacen milagros. Por debajo del corazón está el nivel de supervivencia de la vibración. Por encima de él, la mente que se busca a sí misma.

El quinto chakra está en la garganta, que es el lugar de la comunicación. Gabriel, el mensajero, protege la garganta, la palabra.

El sexto chakra está en la mente superior. Lo guarda Miguel, que combate al dragón del Parásito.

El séptimo chakra es el Árbol de la Vida, en la coronilla. Es el chakra de la iluminación. También lo protege Ariel.

El sistema de chakras está representado en su totalidad por la serpiente.

—Volver a subir por el Árbol de la Vida es regresar a lo divino —afirma Gaya.

En la tradición india, el kundalini es la energía de la serpiente que asciende por la columna hacia la iluminación.

Gaya habla de la esencia pura de la luz negra del Sol.

«Es la luz más pura que conocemos —asegura—. Es de donde procede la creación. El objetivo de nuestra estancia en la vida es regresar a ella.»

Cada vez que el alma toma un cuerpo y desarrolla una mente, una pequeña cantidad de luz negra permanece atrapada dentro. Esta luz está envuelta en el alma, y sigue vida tras vida hasta regresar a su forma más pura.

En el momento de nacer, al emerger de nuestra madre, un rayo de luz procedente de una banda ondulante de energía de arcángel situada sobre la Tierra penetra en nuestra glándula pineal. Este rayo determina qué arcángel será nuestro guardián en esta vida. Nuestra esencia es también la de un arcángel. Esos dos ángeles no son por fuerza la misma energía. Por lo tanto, poseemos dos energías de ángel, la de nuestra esencia y la de nuestro ángel guardián. Para distinguir los dos ángeles, Gaya habla del guardián como del «angelito».

A medida que desarrollamos la mente en la infancia, preparamos asimismo el primer filtro alrededor de nuestro angelito. Este revestimiento envuelve al ángel del mismo modo que el alma recubre el espíritu. Bajo este filtro, el ángel guardián está aparentemente dormido y no recuerda que es un ángel.

«Este revestimiento del ángel es lo que llamamos el Parásito. Vive en la mente y lo gobierna la razón», enseña Gaya.

Al despertar hacemos agujeros en el revestimiento de nuestro arcángel, por lo que cada vez estamos más expuestos a la luz negra de nuestro verdadero yo. En algún momento del proceso de purificación, cuando se alcanza una vibración alta de amor, el arcángel guardián sale de su cobertura y se apareja con nuestra esencia o arcángel principal.

El apareamiento de nuestro ángel guardián y la esencia de nuestro ángel permanente nos devuelve a Dios. Es lo que llamamos «la reproducción de los ángeles» y «la norma del nagual». Somos un ángel en evolución. Nuestro ángel está desarrollando la humanidad. A partir de este apareamiento, tiene lugar el nacimiento del ángel y regresamos a nuestro yo divino. Jamás volveremos a la vida terrenal porque nuestra vibración será la misma que la de Dios, es decir, divinidad pura.

Desde mi experiencia, sigo siendo un ser humano físico pero la personalidad llamada Gaya ha desaparecido. El modo en que se manifiesta, la hace totalmente distinta. Siempre me gustó permanecer en la retaguardia, pero ahora asumo la responsabilidad de mi expresión. Ha llegado el momento y por eso hablo.

Una vez que estamos fuera del sueño, no podemos volver a introducirnos en esa caja que contiene las explicaciones razonables. Nos expandimos enormemente. Ya nada nos contiene. Todo es amor.

Poseo mucha energía porque ya no la gasto en reaccionar ante todo. Mi importancia personal no consume toda mi energía. Puedo usarla para trasladar el punto de reunión de otra persona con mi intento. Para hacerlo, desplazo el mío. Vivo en la unidad. No es una cuestión de intelecto. La mente no puede entenderlo. Mi ángel dirige mi personalidad.

Cómo entrar en el reino de la magia

Después de haber empezado a comprender la anatomía del Parásito, hay formas de facilitar el progreso hacia el reino de la magia, o la trayectoria de la trascendencia. Puedes vivir conscientemente y recordar estos dos conceptos a cada instante, en lugar de hacerlo en el momento en que practicas el acecho:

1. Puedes hacer desaparecer tus sistemas de defensa observando cuándo notas una resistencia y desprendiéndote de ella de inmediato. Si sientes incomodidad, acéptala. Estás en el camino correcto. Siente lo que estás sintiendo. Hónrate a ti mismo. Observa las consecuencias de tus actos y elige desde el lugar de conciencia más elevado.

2. Ámate a ti mismo. Deja atrás la sensación de que vives para merecer la aprobación de los demás. Pon el amor por ti mismo en primer lugar y hónralo siempre. En esos lugares sensibles y vulnerables de tu ser hay una voz que necesita expresarse. Necesita ser honrada.

La resistencia alimenta al Parásito. Si al conversar con alguien sentimos que nos resistimos a sus palabras, tenemos que decirnos: «No necesito hacerlo.» Es una maestría en sí misma. Supone estar presente en el momento con nosotros mismos. Si somos conscientes, podemos elegir no resistirnos diciendo: «En este momento elijo no reaccionar. Soy un ser amoroso de luz pura y cualquier otra cosa es un mero reflejo de una ilusión.» De este modo, trasladaremos nuestra vibración del nivel de supervivencia al cuarto chakra. Es mágico.

Por regla general, hay dos dinámicas básicas que provocan resistencia. Una es: «No me digas qué tengo que hacer.» La otra es el miedo a ser engañado. En el proceso de *domesticación*, nuestros padres nos inculcaron que debíamos dejar de ser ingenuos porque de lo contrario el mundo nos devoraría; ahí fuera los perros se comen unos a otros. Nos prepararon para tener miedo a ser engañados. Cuando sentimos temor, podemos preguntarnos si nos asusta que nos digan lo que tenemos que hacer, o tememos ser engañados. Son dos reacciones importantes que destruyen la confianza. Tener siempre razón es la herramienta de la mente para sobrevivir. Si tú tienes razón, entonces yo estoy equivocado. Yo no existo.

En nuestro interior poseemos el poder de transformar nuestra experiencia a cada segundo. Ahí es donde está la magia. La clave de la magia es la conciencia de nosotros mismos.

Nosotros somos el mago. Primero tomamos conciencia. Después, modificamos nuestro punto de vista.

Gastamos mucha energía en intentar tener el control. Piénsalo. Somos burbujas de percepción que viven en la Tierra, cuyo núcleo es lava fundida que orbita en el espacio. Aun así, creemos que podemos dominarlo todo, pero lo único que podemos dirigir realmente es nuestra reacción ante la vida y el modo en que elegimos experimentar ese viaje. Cuando dejamos de intentar controlarlo todo, algo que, en cualquier caso, no es más que una ilusión, podemos convertirnos en una burbuja que flota en el río, alrededor de las piedras, en perfecta armonía. Entonces la vida se vuelve hermosa.

Un mensaje personal

Las palabras no consiguen expresar la profundidad del amor, el respeto y la gratitud hacia Miguel que mi corazón alberga. A través de sus enseñanzas y de la demostración de su impecabilidad constante, he aprendido a vivir una vida que vale la pena vivir... una vida sin vigilancia en la que camino sin temor y abierta a las experiencias que se me presentan.

Miguel me mostró que, si dejamos que el poder del amor nos invada, no hay nada de lo que debamos protegernos. A través de sus ojos, empecé a ver la luz en todos y en todo, lo que me condujo a un camino de libertad, la libertad de ser fiel a mí misma, de expresar mi verdad sin importar lo que pudiera parecerle a nadie más.

He aprendido que no se puede decir nunca realmente «sí» cuando no se tiene la capacidad de decir «no». Eso me ha hecho descubrir la auténtica forma de dar, no desde la necesidad, sino desde el amor que no sabe de separación, de expectativas ni de ataduras, y cuya manifestación no conoce límites.

Doy las gracias al nagual por los regalos del Sol, la Luna y las estrellas que titilan siempre en el brillo de la llama divina eterna que vive en el interior de todos nosotros. Te amo.

Miguel interpreta la historia de Gaya

Cuando conocí a Gaya, reconocí lo que es en realidad. Pude ver toda la sabiduría que contienen ese cuerpo y esa mente. También percibí cómo se limitaba a sí misma, cómo usaba toda su sabiduría e inteligencia para expresar su temor a asumir la responsabilidad de lo que sabe.

Durante años trabajé con ella para romper los acuerdos que la limitaban y, poco a poco, fue cambiando.

Tenía una idea espléndida y se la transfería a otra persona para que la llevara a cabo, porque ella no quería desarrollarla. Intentaba justificar su propia divinidad en la divinidad de otro. Reconocía a Dios en Sai Baba y Premananda, pero no en ella.

En 1994, vi la oportunidad de desafiar todas las creencias de Gaya. La situé en un vacío donde habría de enfrentarse a Dios. La saqué de su nivel de comodidad en el que se sentía segura y donde tenía alguien que le hacía sentir segura. Le costó mucho tiempo asimilarlo.

Fuimos a México, y viajamos de San Miguel de Allende a Teotihuacán en autobús. Gaya me pidió entonces: «Ayúdame a ser por completo yo misma». Tres

veces le pregunté si lo decía de verdad. Y todas ellas me respondió: «Sí, por favor.»

Como un acto de poder utilicé mi voluntad para suprimir sus defensas. Y se vio a sí misma tal cual era. Eliminé el sistema de negación de su campo de energía, lo que dejó al descubierto sus heridas. No le dije nada al respecto. Pero muy pronto pude notar su dolor emocional. Era tan intenso que le pregunté si precisaba mi ayuda o deseaba parar. Respondió que no.

Llegamos a Teotihuacán, donde teníamos habitaciones separadas. Pasó la peor noche de su vida. Lo sentí, y me pareció excesivo aquel sufrimiento y que quizá necesitaba que le devolviera el sistema de negación. En cierto momento, incluso aceptó que sería mejor morir que seguir en aquel estado.

A la mañana siguiente la llevé al lugar del Aire. Allí tengo preparada una piedra para mis aprendices. Gaya se sentó en ella y recibió la redención. Durante cinco o diez minutos, que fueron muy intensos, cerró todas sus heridas y se perdonó a sí misma. El Parásito se redimió y se convirtió en un Aliado. Hay que recordar que el Parásito es la combinación del Juez y la Víctima. El Parásito siempre había saboteado todo lo que Gaya hacía. Ahora, el Parásito ya no se alimenta de temor, y sólo incita a su mente a generar amor.

La transformación de Gaya empezó ahí y terminó en la India, donde fue a ver a Premananda ese mismo año. En la India, Gaya encontró su voz. Desde entonces, con toda humildad, acepta su divinidad y enseña a los demás.

13

Profecías

Los seres humanos han sido siempre conscientes de su propia mortalidad y han ansiado conocer el futuro. Todas las épocas han tenido sus profetas y sus profecías. Las profecías de todo el mundo y en todos los tiempos han coincidido en algo fundamental: que se refieren a la evolución de la especie humana.

En este capítulo, Miguel recapitula el conocimiento silencioso de los toltecas mientras conduce al lector hacia un resumen profético. Su tesis fundamental es que todos los seres humanos forman juntos un ser vivo, que es un órgano del planeta Tierra. Cada ser humano es para la Tierra lo que una célula es para un cuerpo humano. Las células viven y mueren en nuestro cuerpo de forma constante. Del mismo modo, los seres humanos nacen, maduran y mueren. La permanente reposición de seres humanos mantiene vivo el órgano humano de la Tierra, lo mismo que las nuevas células mantienen con vida el cuerpo humano. En todo el universo observamos, a distintas escalas temporales, el mismo proceso de vida física que da lugar a la muerte física.

Los seres humanos son multidimensionales en cuanto a la materia, multidimensionales en cuanto a la mente, multidimensionales en cuanto al alma y unidi-

mensionales en cuanto al espíritu. En cuanto a la materia, vemos que nuestro cuerpo está formado por miles y miles de millones de unos pequeños seres vivos que llamamos células. Cada célula es un individuo que podemos extraer de nuestro cuerpo y llevar al laboratorio, donde se mantendrá vivo, pero seguirá formando parte de nuestro cuerpo.

Una célula del hígado no tiene conciencia de formar parte de un ser completo con una conciencia de sí mismo del tipo «yo soy». No sabe que, junto con todas las otras células del hígado, del cerebro, del corazón, de los huesos y las demás células del cuerpo, sirve para formar este ser vivo.

Un solo ser humano es una parte del órgano que constituye la humanidad. La totalidad de los seres humanos forma un órgano del planeta Tierra. El planeta Tierra está vivo y tiene su propio metabolismo. En este hermoso ser vivo hay muchos órganos. La atmósfera es uno de ellos. Los mares, otro. Los bosques, también. De igual modo que los animales. Y nosotros somos todo lo que ellos son. Somos el aire. Somos los mares. Somos todos los animales que existen en el planeta Tierra. Y nos comunicamos con los demás órganos como el hígado se comunica con el corazón y con el cerebro.

Si ampliamos esta idea, vemos que el planeta Tierra es un ser vivo y, a la vez, un órgano del sistema solar, con el Sol en el centro y todos los planetas, las lunas y demás satélites girando a su alrededor. El sistema solar es un ser vivo regido por el Sol, pero también es una parte del ser gigantesco que es el universo.

Un solo átomo con sus electrones en órbita alrededor del núcleo es otro sistema solar. El átomo y el

sistema solar son, por lo tanto, análogos. Nuestro cuerpo está formado por miles de millones de átomos, y cada uno de ellos es un sistema solar en miniatura. En el universo hay millones de millones de estrellas y cada una de ellas es un ser vivo, y todas juntas forman otro ser vivo. Los toltecas conocían estas analogías y similitudes reflejadas en distintas realidades del universo.

Las grandes preguntas (¿Quiénes somos? ¿De dónde venimos? ¿Adónde vamos?) encuentran respuesta en el punto de vista tolteca: somos todo lo que existe. Un pequeño cuerpo humano no es más que un simple eslabón de una de las cadenas de esa enorme máquina biológica que es el universo. Esta cadena se comunica con todo lo que existe en el cosmos.

Aunque esta explicación satisface el punto de vista material de nuestros ojos y oídos, no es suficiente porque no sólo somos materia. ¿Qué ocurre con nuestros sentimientos? ¿Con la cólera, la envidia, la tristeza, la felicidad y el amor? Estos aspectos de la vida humana evidencian que existe una energía distinta a la material. Es lo que llamamos «energía etérea».

La energía está viva. Todo lo que existe está vivo. La energía etérea es también un ser vivo. La energía etérea incluye nuestras emociones. Nuestras emociones están vivas. Nuestro pensamiento está vivo. Todos nuestros sentimientos están vivos, y son nosotros. Nuestra mente crea miles de millones de emociones. Del mismo modo que nuestras células forman nuestro cuerpo, nuestras emociones forman nuestra mente. Así pues, nuestra mente está formada por energía etérea. Hay que recordar que la función de nuestra mente es soñar. Soñamos veinticuatro horas al día. Soña-

mos cuando estamos despiertos y también cuando dormimos. Soñamos con la mente, no con el cerebro. Sin embargo, el cerebro sabe que la mente está soñando.

Todas las mentes humanas juntas son un órgano del planeta Tierra, pero este órgano existe en una dimensión distinta a la de nuestros cuerpos. Nuestros cuerpos forman parte de la dimensión material que podemos tocar. Nuestras mentes existen en la dimensión etérea del pensamiento y los sentimientos. Del mismo modo en que todas nuestras emociones juntas forman una mente individual, todas las mentes juntas forman la mente del planeta Tierra, y también ésta está soñando. El sueño colectivo lo conforman todos los sueños individuales que cada uno de nosotros tiene. El sueño colectivo incluye los sueños de la familia, los de la comunidad, los de la ciudad, los del estado, los del país, los de todo el continente y, por último, el sueño de todo el planeta.

En cada nivel del sueño, existen diferencias marcadas. Por ejemplo, si visitamos otro país, comprobaremos que su sueño es distinto al del nuestro, y está vivo. El sueño de China es diferente al de Persia, pero todos tienen algo en común. En todas partes la gente sufre, lucha y en sus interacciones, todo el mundo propaga veneno. Es un veneno etéreo, no físico, pero que afecta a nuestros cuerpos. El veneno que llamamos cólera, odio, tristeza, envidia, timidez, procede de la misma cosa que controla el sueño del planeta: el temor. El temor es el gran demonio, el gran diablo del sueño del planeta. Nuestras interacciones con los demás se fundamentan en él; entre seres humanos, entre sociedades, entre naciones. El modo en que soñamos es auto-

destructivo. Nos estamos destruyendo como individuos y como sociedad.

Dondequiera que vayamos, veremos que la gente aloja a un Juez y a una Víctima en su mente. Todos se sienten culpables y culpan a los demás. Cuando nos culpabilizamos, tenemos la necesidad de ser castigados. Y si los demás son los culpables, necesitamos castigarlos.

La Víctima es esa parte de la mente que dice: «Pobre de mí. No soy lo bastante bueno. No soy lo bastante fuerte. No soy lo bastante inteligente. ¿Cómo puedo sobrevivir? ¿Por qué habría de intentarlo? Sólo soy un ser humano.» Así que cada paso es temeroso. Ése es el modo en que los seres humanos sueñan. Con esta revisión del conocimiento silencioso tolteca, podemos ver que el sueño debe cambiar. Las profecías hacen referencia al cambio del sueño. Todas las profecías del mundo se están haciendo realidad a la vez, en este momento. Ahora.

Nos recuerdan que el Sol controla ese ser vivo que es el planeta Tierra. La Tierra es un órgano del Sol. Todas las decisiones sobre el metabolismo del planeta proceden de él. Controla la Tierra a través de sus mensajeros que, en la tradición judeocristiana, reciben el nombre de ángeles. Y bien, el mensajero no es más que la luz del Sol. Todo lo que existe en el universo no es otra cosa que energía, y esa energía es luz.

Nuestro cuerpo es luz, pero es luz condensada. Nuestra mente es luz. Nuestra alma es luz en distintas manifestaciones. La luz percibe la luz en todas direcciones. Por eso podemos percibir con los ojos, pero también podemos percibir con la mente, con el alma y con el espíritu.

¿Qué es el espíritu? Yo lo llamo intento. Intento, espíritu, Dios... son nombres que recibe la misma energía. Una propiedad de esta energía es que hace posible cualquier cambio, cualquier transformación. Dios es intento. Dios es espíritu. Dios es Dios. Dios es luz. Dios es el verdadero tú. Dios es el verdadero yo.

La energía o la luz es la primera manifestación del intento, o la primera manifestación de Dios, o del espíritu. Todo está vivo gracias a Dios, gracias a ti. Tú no eres tu cuerpo. Tú no eres tus células. Tú no eres tu mente. Tú no eres tu alma. Tú eres luz. Tú eres vida.

Sin ti, tu cuerpo se desmoronaría. Sin ti, tu alma se desmoronaría. Tu esencia es luz. La luz está en todas partes.

La luz está viva y es un ser vivo. La luz contiene toda la información de cualquier clase de vida en el planeta Tierra. Hay miles de millones de vibraciones diferentes de la luz. La madre Tierra transforma la información que contiene la luz procedente del padre Sol para crear vida. El ADN de cada una de nuestras células es un rayo del Sol que la madre Tierra atrapa y condensa en materia.

Todo el conocimiento que existe está en la luz. La luz es el modo en que las estrellas se comunican entre sí, como también es la vía de comunicación entre los átomos.

El cambio llega según nuestra percepción. Vemos la luz que fluye como un río procedente del Sol. Y como en el caso de un río, tiene siempre la misma forma, pero la energía es siempre distinta. Si variamos ligeramente nuestro punto de vista, este río de luz parecerá sólido. Llenará todo el espacio entre las estrellas como un sistema nervioso.

Todo el universo sabe lo que pasa en cualquier lugar del universo porque la comunicación es instantánea. Desde nuestro punto de vista material, la velocidad de la luz es de 300.000 kilómetros por segundo, y creemos que ésa es probablemente la velocidad más rápida posible, pero en realidad hay una cualidad en la luz que es millares de veces más rápida que nuestras mediciones. Esta cualidad es lo que permite la comunicación instantánea por el universo.

En el mundo material, todo lo que percibimos es una luz que llega a nuestros ojos reflejada en los objetos. De hecho, no vemos un objeto. Soñamos lo que vemos. Creamos toda la realidad en nuestra mente.

Lo que consideramos materia en nuestro sueño, yo lo llamo el «marco del sueño». Es el mismo para todos. Soñamos todos con el mismo marco. Nos proporciona la dirección del tiempo y del espacio. Nos hace sentir seguros.

En cuanto interpretamos lo que vemos, nos percatamos de que cada uno de nosotros realiza una lectura distinta porque soñamos un sueño diferente. Cada uno de nosotros tiene su propio sueño basado en todo lo que cree.

Para ilustrar esta idea, pensemos en mil computadores nuevos exactamente iguales, cada uno de ellos en blanco, sin información alguna. En cuanto introduzcamos información en ellos, cada uno será distinto.

Lo mismo sucede con los seres humanos. Nuestra mente es una máquina biológica parecida a un computador. Cada ser humano posee información diferente de acuerdo con su experiencia. Cada uno ha aprendido de modo distinto de sus padres, sociedad, escuela y religión. La información que introducimos

en nuestro computador es lo que nos enseñará a soñar. Nos dirá cómo interpretar lo que percibimos.

Cada computador humano tiene un nombre, pero un nombre es sólo un acuerdo que hemos adoptado. Yo no soy en realidad un ser humano llamado Miguel Ángel. Tú no eres tampoco un ser humano. Sólo acordamos que somos humanos. Todo lo que introducimos en nuestro computador es un acuerdo. No es por fuerza bueno o malo, correcto o equivocado. Sólo es información. Percibimos el mundo de acuerdo con esa información y lo llamamos realidad. Esta información es el origen de nuestras limitaciones. Creamos imágenes sobre nosotros mismos y sobre todo lo demás. Después, queremos creer en ellas. La culturización es el proceso de introducción de datos en el computador.

Todos somos animales que fueron domesticados por otros animales, otros seres humanos. Nos domesticaron del mismo modo en que se domestica a un perro, con castigos y recompensas. Nosotros domesticamos a nuestros hijos como nos domesticaron a nosotros. Tememos ser castigados y también no obtener la recompensa. Creamos imágenes de nosotros mismos destinadas a complacer a los demás. Queremos ser lo bastante buenos para complacer a mamá y a papá, al profesor, a la sociedad, a la Iglesia y a Dios. Nuestro comportamiento depende de la imagen que hemos creado de nosotros mismos, con todas esas limitaciones. La opinión que de nosotros tienen los demás es muy importante para nosotros. Dirigimos nuestra vida de acuerdo con las opiniones de los demás. Nos preocupa más complacerles a ellos que a nosotros mismos.

El sueño del planeta, que todos nosotros sustentamos, es el mismo. Cuando salimos de él y de nuestro propio sueño, vemos que lo que creíamos ser verdad no es más que información en nuestro computador y que puede cambiarse con facilidad. Nos resistimos al cambio porque tenemos miedo. Él controla nuestra vida y nuestro sueño. La evolución de la humanidad es la evolución del temor en el planeta Tierra.

Desde el exterior del planeta, podemos ver que la evolución de toda la raza humana es parecida a la vida de un ser vivo que nace, crece y se reproduce, y se transforma. En realidad, todo es indestructible. Nada muere. Todo se transforma.

El desarrollo de la evolución tiene cierta lógica. El ser vivo de todos los seres humanos juntos experimentará cambios del mismo modo en que cambia un solo ser humano. Imaginemos a una niña de once años. Pronto tendrá su primera menstruación y se convertirá en una mujer. Cuando algunos de los órganos de esta muchacha cambien, el cerebro sabrá esa información e impelirá a otros órganos a producir determinadas hormonas que completarán el ciclo. El cerebro controlará el proceso.

El proceso de maduración de la mujer es comparable al de la raza humana en su conjunto. Cuando se producen ciertas transformaciones del cuerpo, la mente y el alma de algunos humanos, el Sol, a través de mensajeros de luz, lo sabe y modifica la calidad de la luz que transmite para enviar un mensaje diferente al órgano humano de la Tierra. A su vez, este cambio provocará que toda la humanidad lo haga.

En este momento los seres humanos están abandonando por fin su infancia y están madurando. Su

percepción es más nítida, la razón se está rindiendo a la intuición. Su modo de soñar está cambiando. El temor era necesario para fomentar el crecimiento de la razón y de la mente. La razón estaba preparando a la mente para la intuición.

Los seres humanos somos multidimensionales. Además del cuerpo y de la mente, estamos formados por luz del Sol. El núcleo real de un ser humano es un rayo personal de luz en conexión con el Sol. Así pues, el Sol percibe lo que le sucede a cualquier ser humano a través de su luz. Cualquier cambio que sufra un único ser humano le afecta al Sol, y su reacción trasciende al resto de la humanidad. Éste es el proceso de la evolución humana.

Una vez que encontramos nuestro rayo personal de luz, podemos trasladar nuestro punto de vista al Sol y ver a toda la raza humana a la vez. Yo enseño a mis aprendices a encontrar ese rayo de luz que los conecta con el Sol. Cuando pueden hacerlo, el conocimiento silencioso entra en su mente y alcanza el saber, sin que medie el pensamiento o el temor. Los seres humanos que lo logran son profetas que señalan el camino a los demás.

Hoy en día nos estamos convirtiendo en mutantes, porque nuestra mente está cambiando. Somos conscientes de estar soñando y controlamos nuestro sueño. De modo automático, rechazamos una cualidad de la luz y aceptamos otra; así, modificamos nuestra conexión con el Sol. No tenemos que hacer nada para que eso suceda. Ya está ocurriendo. El Sol controla la vida en la Tierra, desde los virus hasta los dinosaurios o los seres humanos. Todas las modificaciones proceden del Sol.

El Sol es mucho más inteligente que ninguno de nosotros. Tiene la inteligencia suprema. Es algo que han reconocido seres humanos de todo el mundo. Los antiguos egipcios adoraban a Ra, el dios Sol. En Teotihuacán, también sabían que el Sol controla la Tierra. Eran conscientes de que la vida en este planeta cambia a ciertos intervalos, cuando lo hace el Sol. Según el calendario tolteca (que es también el calendario maya y azteca), ha habido cinco soles antes del actual. Sus profecías afirmaban que habría un terremoto terrible en Tenochtitlán, la mayor ciudad de México. En 1986, este terremoto sacudió la ciudad de México, que es la moderna Tenochtitlán. Estaba predicho que tras el terremoto habría un período de descanso de cinco años hasta que naciera el nuevo Sol. Y éste llegó en enero de 1992.

El Sexto Sol tiene una clase de luz distinta y transformará el sueño del planeta. Transformará la mente humana para que sea más consciente de que se trata de una luz conectada con el Sol. Como individuos, aceleraremos nuestra propia evolución si nos abrimos a nosotros mismos y a quienes somos en realidad.

Todos los maestros de la Tierra intentan comunicarnos lo mismo: que todos tenemos algo maravilloso en nuestro interior a lo que podemos abrirnos. La mente es un ser vivo, que devora y digiere las emociones que producen las ideas. A medida que haya más y más maestros que hablen del conocimiento silencioso, habrá más seres humanos que ingieran estas ideas. Éstas transformarán la información de computador de las personas y les darán la oportunidad de gozar de una vida mejor.

Ésta es la profecía para la siguiente humanidad.

Los seres humanos sabrán quiénes son. Se comunicarán entre sí. Se amarán unos a otros. Dejarán de juzgar y controlarán el sueño. Serán felices.

Cuando Jesús intentó explicar todas estas cosas hace dos mil años, habló de una nueva forma de ver a Dios. Lo mataron. Pero ahora estamos preparados para escuchar estas verdades.

Creemos que somos la especie más inteligente de la Tierra, pero no somos más que una pequeña porción de inteligencia. Las ideas que pretendemos nuestras ya existían en realidad cuando tomamos conciencia de ellas y creímos que las «pensábamos». A medida que nos transformamos, percibimos las ideas directamente de donde están almacenadas en la naturaleza. Yo lo experimenté en Teotihuacán, cuando aprehendí el conocimiento y las imágenes que preservan sus piedras.

Una vez que somos conscientes de que estamos conectados directamente con el Sol, podemos sugerir un comportamiento a otros órganos de la Tierra. Éste es el modo en que los chamanes controlan la lluvia. No lo hacen con la razón, sino con la intuición, pues sólo ella es capaz de conectar con nuestro rayo personal de luz. Por eso la oración es tan poderosa cuando esperamos tener una respuesta. Aunque, por lo general, la respuesta a nuestra oración no es la que la razón desea.

Cuando conectamos y presenciamos de modo chamanístico, no es nuestra personalidad la que provoca cambios. Lo hace el Sol. No fue la personalidad de Jesús lo que transformó el agua en vino, ni fue Moisés quien separó las aguas del mar Rojo. Fue la voluntad del Sol quien hizo esas cosas. Para él, todo es posible.

Y sucede igual para todos nosotros. No debemos esperar a ver qué ocurre ni hacer que nada suceda. Pedimos y constatamos. El Sol, con su inteligencia superior, responde. ¿Cómo podemos dudar de nuestro destino personal? Ya no hay lugar para las dudas.

Los profetas dijeron que cuando llegara el Sexto Sol, Dios se despertaría del sueño. Eso significa que somos Dios soñando que no somos Dios. Aunque este proceso durará al menos doscientos años, desde 1992 se ha acelerado. Nuestra generación es la que ha iniciado el despertar y nosotros contribuimos a él.

Debemos rendirnos a nuestro destino. Lo que haya de suceder sucederá, porque así debe ser. Nuestra tarea es disfrutar más de la vida y expresar lo que guarda nuestro interior para dar lugar a la nueva humanidad. Si albergamos odio, compartimos odio. Si estamos tristes, compartimos tristeza. Sólo compartimos felicidad cuando somos felices. No podemos compartir amor si no nos amamos antes a nosotros mismos.

El sueño del planeta no cambiará sin resistencia, como tampoco podremos cambiar nuestro propio sueño sin experimentarla. El nuevo sueño ya ha dado comienzo y está creciendo, pero el viejo sueño quiere aferrarse a la culpa, a la cólera, al Juez y a la Víctima. El patrón humano del crecimiento espiritual es como una guerra interior en la que nos enfrentamos a nosotros mismos. Somos nuestro juez más severo.

Cada uno de nosotros sufrirá una crisis de rendición pero, después, nuestra capacidad de amar será mayor. El Parásito que vive en nuestra mente e intenta socavar sin cesar nuestro progreso con veneno emocional irá cediendo poco a poco y se convertirá

en nuestro Aliado. Y lo mismo le ocurrirá a toda la humanidad.

Nuestros libros proféticos describen la resistencia del sueño del planeta durante la época de cambio. La predicción de horrores guarda relación con los temores que libera la resistencia al cambio. Durante los últimos cincuenta años, la raza humana ha intentado destruirse mediante el temor, pero ha fracasado. Especialmente en los últimos quince años la humanidad ha vivido en el caos, pero el viejo sueño ya se ha deteriorado y la resistencia se reduce.

En el Apocalipsis, en la Biblia, san Juan habla de los «siete sellos». En esa época, las cartas se sellaban con lacre. Para leer la información del interior, había que romper el sello. Es algo simbólico. Cada sello que se rompe en el Apocalipsis aumenta nuestra conciencia de las modificaciones que llegan a la Tierra a través de la luz del Sol.

No hay motivo para tener miedo. Aunque nuestro cuerpo muera en alguna catástrofe predicha, no tenemos razón para temer. Morirá de todos modos. No escuches a los profetas del miedo. No te dejes guiar por ellos. El viejo sueño del planeta se está sirviendo de muchos canales para generar temor. Incluso los dioses están intentando provocar temor y pánico, porque devoran emociones humanas y las ansían. Jesús, Buda y Sai Baba, el hombre santo contemporáneo de la India, han vivido sin temor. No indujeron al fanatismo. Sus ejemplos, no sus palabras, constituían el mensaje de cada uno de ellos.

Los próximos doscientos años serán una época de crecimiento, y la transformación avanzará cada vez más deprisa. Habrá entonces un período de paz de

unos tres mil o cuatro mil años como mínimo hasta que empiece un nuevo ciclo. Un sueño es biológico: nace, se transforma y muere.

La historia de la evolución se comporta como lo hace una espiral, ascendiendo más y más para, luego, volver abajo. La vida también sigue ciclos. Cuando conocemos esos ciclos, podemos predecir lo que pasará. Sólo debemos saber en qué fase de la evolución estamos para poder ver el futuro. En la actualidad vivimos un importante período de transición.

El patrón cíclico del sueño de la humanidad consta de tres fases. En la primera, que es el período más oscuro, la razón controla el sueño. En la segunda fase, la razón y el instinto, o intuición, se fusionan, lo que conduce a un período de rápido crecimiento y transformación. La última fase conlleva destrucción para reconstruir el sueño. Hoy en día nos encontramos prácticamente al final de la parte del ciclo en que la razón y la intuición se mezclan. La intuición regirá el siguiente período. La intuición se refiere a la confianza. Es saber sin tener que pensar, sin dudar. Estamos en este punto del ciclo. La razón, que controla un sueño falso, se ha transformado en intuición para quienes ya han cambiado.

Mucho más adelante, más allá del presente ciclo, habrá otro período de razón. Los que ahora denominamos «seres humanos» vivirán en una parte diferente del universo. Quienes permanezcan aquí tendrán una nueva clase de energía. No creo que los seres humanos de entonces sean como nosotros. Creo que vivirán en el mar. Ahora hay dos especies que habitan en el mar y que empiezan a soñar como seres humanos. Lo importante de la transformación que tendrá lugar

no será la forma física sino lo que generará la mente. Lo trascendental para nosotros de estas profecías es que ya estamos transformándonos. Somos mutantes.

El amor se está convirtiendo en la mayor transformación del mundo humano. Durante miles de años, los seres humanos reprimieron el amor. Olvidaron lo que él significa.

Decir «te necesito» no es amor. Es posesión. Sentir celos y querer controlar al otro no es verdadero amor. El amor posesivo es como cualquier otra necesidad del cuerpo humano. Si no tenemos comida durante toda una semana, sentiremos que nos morimos de hambre. Si alguien nos diera entonces un poco de pan, sentiríamos que lo necesitamos, que queremos ese pan. Enamorarse es algo parecido.

Cuando teníamos menos de cuatro años, nuestro cuerpo emocional estaba preparado para percibir el amor. Entonces empezó la culturización y el miedo. El temor ocupó el lugar del amor. Cada vez que empezábamos a expresar nuestro amor, algo de nuestro interior lo reprimía. Sentíamos dolor y comenzamos a temerle. Limitamos nuestro amor a unas cuantas personas. Con los demás, decimos: «Te quiero, SI...», lo que significa, «te querré si permites que te controle». Esa clase de amor crea una fuerte dependencia; es como una droga.

En una relación humana, un miembro de la pareja suele necesitar más amor que el otro, y ese miembro da poder al otro. Es una relación similar a la que mantienen un drogadicto y su suministrador. El que vende la droga domina por completo y puede manipular a la otra persona a través del temor. Un corazón roto es como un drogadicto que no consigue droga. Provoca

las mismas emociones. Es muy frecuente tener miedo al amor porque, por un poco de placer, hay que pagar un precio excesivamente elevado.

Durante los últimos cincuenta años, el matrimonio ha cambiado tanto que está prácticamente destruido. Debía suceder, pues forma parte del proceso de limpieza en el que todas las emociones y temores que le acompañan han de liberarse. El matrimonio resurgirá, y no necesitará de la dominación. Se basará en el respeto. Una mujer tendrá derecho a ser por completo mujer. Un hombre podrá expresarse libremente como tal.

Cuando respetamos el sueño del otro, no hay conflicto. Cuando no tengamos miedo a amar, cuando no pongamos condiciones a nuestro amor, todo cambiará. Ahora el respeto casi se ha extinguido. Si le digo a alguien qué debe hacer, significa que no le respeto. Sentir lástima por otro demuestra falta de respeto. Sentir lástima no es un acto de compasión, pues sólo despierta la compasión por uno mismo. Si siento lástima por una persona, significa que pienso que no es lo bastante fuerte o lo bastante inteligente para lograrlo. Si otro siente lástima por mí, no me respeta, o cree que no soy lo bastante inteligente o fuerte para lograrlo. Intentar hacer algo por otra persona denota falta de respeto. Tener compasión es ver que alguien ha caído, ayudarle a levantarse y estar seguro después de que puede lograrlo.

Aunque la gente pueda estar en las peores situaciones, no debemos sentir lástima por ella. Tenemos que amarla. Podemos ayudarla con nuestra compasión. Una persona siempre puede elegir. Lo que le ha sucedido deriva de las elecciones que tomó.

Los seres humanos recuperarán el sentido de la responsabilidad. Durante siglos, hemos intentado eludirlo y, sin embargo, cualquier cosa que hacemos provoca siempre una reacción. Es inevitable. No debemos hacernos responsables de los errores de otro. Podemos ayudar y dar amor, pero no asumir la responsabilidad de otros porque eso fomenta que ellos la eludan. Esta pauta es de aplicación tanto para nuestros hijos y cónyuges como para nuestros padres o amigos. Si asumimos sus responsabilidades, ellos se vuelven débiles.

La acción es lo esencial de esta realidad. El poder está en la acción, no en el sueño. A través de nuestras acciones, tenemos el poder de cambiarlo todo. Podemos reclamar la libertad de actuar en nombre de la transformación.

En uno de mis viajes chamanísticos, aprendí que el conocimiento es una limitación, una barrera para la libertad. El conocimiento es sólo una descripción del sueño. Todo lo que sabemos es describir lo que soñamos. Y lo que soñamos no es real. Así que el conocimiento tampoco lo es. Sin embargo, el conocimiento parece valioso porque lo usamos para comunicar e intercambiar nuestras ideas y nuestras emociones. El problema es que, si ponemos todo el conocimiento que hemos acumulado en nuestro computador personal y basamos en él nuestras acciones, nos impide trascender, pues intenta convencer a nuestra razón de que la trascendencia no es posible.

A mis aprendices les explico que el conocimiento es la última barrera del guerrero. Acumulamos conocimiento sólo para cambiar la información de nuestro computador. Una vez que hemos cambiado y nos hemos convertido en quienes somos en realidad, ya no

necesitamos de él. Tenemos que cruzar el río del conocimiento para trascender y no haber de regresar aquí.

Nuestro conocimiento frena nuestra intuición. La intuición nos conduce a la verdad. La verdad está viva. Todo está en evolución. Todo es biológico. Todo está vivo.

Nuestra única responsabilidad en la vida es ser felices. Para ello, no necesitamos el conocimiento porque todo lo que se precisa ya está aquí. El amor de otras personas puede despertar nuestro amor, pero es nuestro propio amor el que nos hace felices. Ese amor es nuestra propia verdad. Es nuestra libertad.

El mejor modo de sacar provecho del cambio que se está produciendo es dejar de resistirse a él. No estamos aquí para complacer a los demás. Estamos aquí para complacernos a nosotros mismos. Podemos hacer lo que deseemos. Si concentramos nuestro intento, obtendremos sin duda lo que queremos. Y eso es válido para todo el mundo.

Los toltecas eran los artistas supremos de América. Expresaban su sentido de la belleza con gran habilidad en todas las formas posibles. Todos los seres humanos son artistas y el arte que crean es su sueño personal. Al despertar al conocimiento silencioso, podemos preguntarnos: «¿Cuánta belleza tiene mi vida? ¿Cuánto amo? ¿Me comunico bien? ¿Cuánta felicidad tengo?»

Te animo a ser el artista supremo de tu sueño personal. Haz que sea lo más bello posible. Expresa tu belleza.

EPÍLOGO

La cueva del mejor guerrero

Tiempo atrás hubo un hombre muy fuerte y muy alto que era soldado. Se llamaba a sí mismo el mejor guerrero. Estuvo en muchas guerras y mató a mucha gente. En su pequeña nación, era un héroe. Todo el mundo le temía y respetaba. Hacía cuanto se le antojaba porque nadie lo detenía. Dondequiera que iba, decía: «Soy el mejor guerrero.»

Un día, mientras él mismo afirmaba ser el mejor guerrero, un niño le espetó:

—Yo no creo que seas el mejor guerrero.

El soldado se enfureció. Alzó al niño del suelo y le dijo:

—Tienes suerte de ser un niño, pues muchos han muerto por menos que eso. Si no soy yo, ¿quién crees tú que es el mejor guerrero?

—En medio de la selva, en una cueva, hay un hombre que es realmente el mejor guerrero —contestó el niño.

El soldado fue de inmediato a la selva a buscar a su rival. Quería matarlo. Por fin, encontró la cueva y en tono desafiante gritó:

—Sal a luchar conmigo y veremos quién es el mejor guerrero.

Podemos imaginar su sorpresa cuando de la cueva salió un anciano. El anciano estaba tan débil, que apenas podía andar.

—Alguien me ha gastado una broma —rió el soldado—. Me dijo que eras el mejor guerrero.

—Quien te lo haya dicho, no miente —aseguró aquel anciano de ojos bondadosos—. Yo soy el mejor guerrero.

—Primero un niño. Ahora un anciano. No quiero tener que matarte.

—Si lo hicieras, eso sólo demostraría que eres un asesino, no un guerrero. No creo que tengas el valor de vivir solo, como yo, en la selva —dijo el anciano.

—Hummm —se sorprendió el soldado.

—Te desafío a vivir un año entero en esta selva. Pasado ese tiempo, ven a verme otra vez y veremos quién es el mejor guerrero.

El soldado aceptó el reto y vivió en la selva durante todo un año. Se convirtió en un gran cazador. Aprendió del águila. Aprendió del jaguar. Y aprendió de la araña.

Volvió a ver al anciano, y éste le desafió de nuevo a quedarse otro año y a usar todas las técnicas que había aprendido sobre la caza para capturar conocimiento.

—Tras un año de capturar conocimiento, ven a verme otra vez y decidiremos quién es el mejor guerrero.

El soldado usó las técnicas del cazador, del águila, del jaguar y de la araña, y lo aprendió todo sobre la naturaleza, sobre las estrellas, los animales y las matemáticas. Acumuló mucho conocimiento y cuanto más aprendía, mayor era su vanidad. Se decía a sí mismo: «No hay duda. Soy el MEJOR.»

Cuando regresó junto al anciano, éste le desafió a quedarse otro año capturándose a sí mismo. El soldado aceptó el reto.

Empezó a capturar cada emoción, cada acción, cada reacción que tenía. Comenzó a verse y a enfrentarse a sí mismo. Luchó con su sistema de creencias. Empezó a aceptarlo todo y a amarse. La transformación fue tan sorprendente que, en muy poco tiempo, sólo tres meses después, supo realmente que el anciano era su maestro, su profesor, y también el mejor guerrero. Sintió mucho amor por el anciano. Y sintió compasión por toda la gente a la que había herido. No podía esperar para volver a ver al anciano, así que regresó a la cueva y lo llamó.

Pero el anciano no salió. Vacilante, el soldado se adentró en la cueva y lo único que encontró fue un cuerpo inerte. El anciano había muerto.

Entonces el soldado decidió que se quedaría en aquella cueva y se convertiría en el mejor guerrero. Ahora está allí, esperando tu desafío.

Gracias por leer mis palabras y por dejarme amarte como eres en realidad, una luz conectada con el Sol a través de tu rayo personal de luz, un ser que también es Dios. Te amo.

MIGUEL ÁNGEL RUIZ

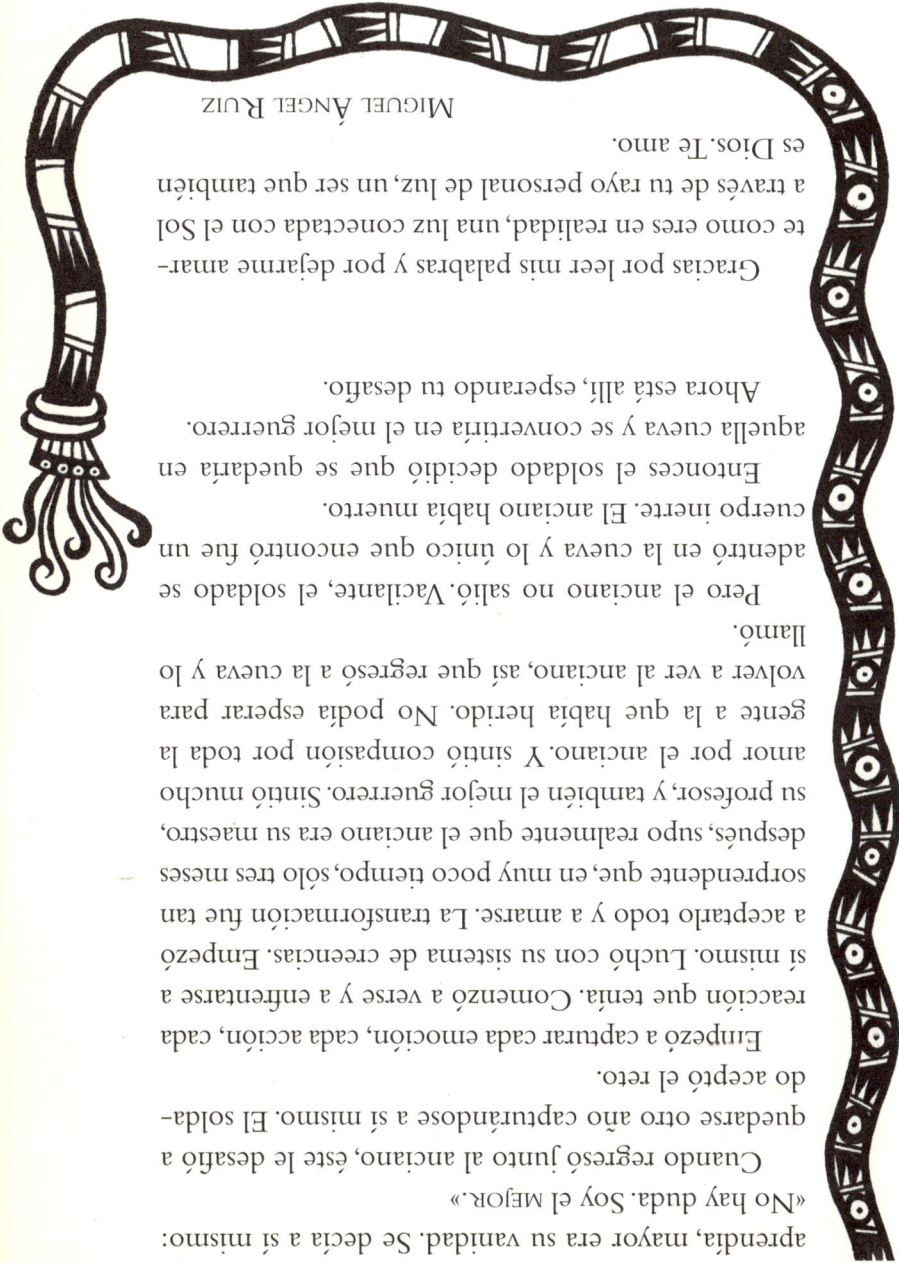

Si desea obtener información acerca de los viajes a Teotihuacán de Miguel Ruiz, diríjase por escrito a:

Sixth Sun Journeys of Spirit
4015 Park Blvd. #203
San Diego, Ca 92103
Estados Unidos

La dirección de la página web del Miguel Ruiz es:

www.miguelruiz.com

Índice